EDITH UNNERSTAD

VACACIONES EN SUECIA

EDITORIAL NOGUER, S. A.
BARCELONA - MADRID

Novena edición: abril 1989
Título original: Farmorsresan
Traducción: Doireann Macdermott y Ramón Carnicer
Ilustraciones: Iben Clante

ISBN: 84-279-3301-0
Depósito legal: B-9.776-1989
Impreso en España por Gráficas Ródano, S.A.
calle Noi del Sucre, nº 5, Viladecans (Barcelona)

I

PELLE GÖRAN EMBISTE AL MÉDICO

Aquella tarde, cuando Pelle Göran embistió al médico, decidieron mandarlo con la abuela.

Si creéis que Pelle era un mal chico, os equivocáis. Era absolutamente normal y bien educado; quizá un poco mimado, por ser hijo único. Pero se sentía tan sumamente desgraciado, que no se daba cuenta de sus actos.

Y se sentía desgraciado desde un soleado día de abril en que su mamá tomó la bicicleta por primera vez después del invierno y salió con él de paseo. Inesperadamente, mientras iban muy contentos en la bicicleta, una niña se les cruzó corriendo y la mamá de Pelle tuvo que hacer una maniobra violenta para evitar el atropello. A la niña no le pasó nada y Pelle sólo sufrió una rozadura en la rodilla, pero la pobre mamá cayó debajo de una camioneta que pasaba. Tuvieron que llevarla en una ambulancia al hospital.

Y desde entonces Pelle parecía otro niño. No quería comer ni mostraba interés por sus juguetes. Y no obedecía a nadie. Si le proponían que saliera, se quedaba en casa; en cambio, cuando el tiempo era malo y decían que había de estarse en casa, se empeñaba en salir. Se obstinaba en hacer exactamente lo contrario de cuanto le mandaban. Además estropeaba las cosas: rayó la repisa de la ventana con un cuchillo, hizo mil agujeros en las cortinas, dejó la guía de teléfonos hecha una calamidad, después de garrapatear en ella un sinfín de hombres de cuerpo muy pequeño y piernas muy largas..., pero cuando su papá al ver esto último le dio papel para dibujar, se negó a continuar la labor.

La señorita Kling, que iba diariamente a hacer la comida y a cuidarlo a él y a su papá, decía: "¡Madre mía! ¡Qué pesados son los niños! Menos mal que conozco algunas niñas. Son más educadas".

Quizá lo repetía demasiado a menudo. El hecho es que Pelle empezó a odiar a las niñas y a acordarse más a menudo de aquella que se había metido debajo de la bicicleta de mamá. Todo había sido culpa de ella. ¡Qué odiosas eran las niñas!

Por aquel entonces, y a causa del accidente de su mamá, Pelle estaba enfadado con todo y con todos. Estaba enfadado con la camioneta que la había atropellado, y cada vez que veía una le sacaba la lengua al conductor, que lo miraba sorprendido. Estaba enfadado consigo mismo, por no haber advertido a mamá que tuviera cuidado con la camioneta, aunque la verdad es que no había tenido tiempo de decírselo. Estaba enfadado con la señorita Kling porque para fregar los platos se ponía el delantal estampado de mamá y porque se empeñaba en ayudarle a vestirse. Con el pretexto de que él solo tardaba mucho, le abotonaba la espalda como si fuera un niño pequeño, ¡a él, que iba a cumplir

pronto seis años! Si tardaba era porque en realidad no tenía para qué levantarse. ¡Era todo tan desagradable! Estaba enfadado porque papá se iba al despacho y le dejaba con la señorita Kling. Cierto que tampoco se alegraba mucho cuando a las cinco de la tarde regresaba. Papá estaba triste también. A veces intentaba animar a su hijo con un juego cualquiera o construyendo casas con las cartas de la baraja, pero se le veía preocupado, pensando siempre en mamá. Algo malo tenía mamá en la espalda y en las piernas. No era muy seguro que volviera a andar.

Tanto era el cariño de Pelle a su mamá, que al pensar en ella sentía una gran opresión en el pecho. ¡Pobre mamá! Pero con toda la pena que sentía por ella, casi sentía más por sí mismo, por la soledad en que se encontraba.

Pasaron varias semanas antes de que le dejaran ir a verla al hospital. Después iba de vez en cuando con papá o con la señorita Kling. Siempre deseaba ir, y se ponía muy triste cuando una de las enfermeras se acercaba para anunciar que era la hora de marcharse. La visita concluía demasiado pronto.

¡Cuánto le gustaría subir a la gran cama blanca en que estaba mamá! Pero no le dejaban porque podría hacerle daño en sus heridas. Tenía que conformarse con verla allí acostada, a veces tan pálida que se adivinaban sus grandes dolores. Era terrible no poder hacer otra cosa que acariciarle las mejillas y llevarle flores y uvas.

—Ven a casa, mamá. Papá y yo te cuidaremos. Si vienes seré más bueno.

Pero mamá dijo que si fuera a casa tal vez no se curaría nunca. En cambio, quedándose en el hospital probablemente se pondría bien.

—¿Y no podría quedarme a dormir en aquella cama vacía que hay allá?—preguntó Pelle.

No, porque vendrá otra señora esta tarde—contestó Asta, la enfermera que cuidaba a mamá.

—Pero yo podría traer mi propia cama. Podríamos pedirle al señor Carlsson, el pescadero, que la trajera en su camioneta.

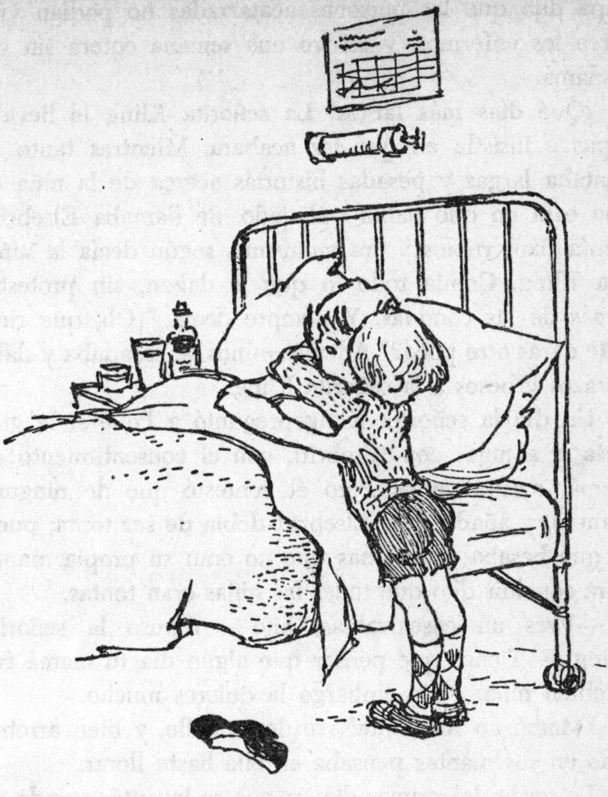

—Me parece muy bien que quieras estar conmigo, pero sólo los enfermos pueden quedarse aquí—dijo mamá.

¡Si pudiera ponerse enfermo...! No quería que lo atropellara un coche, eso no. ¡Pero ponerse un poco malo de la garganta o algo así...!

Una mañana despertó con catarro y un poco de fiebre. ¡Qué alegría! Pero en vez de mandarlo al hospital papá dijo que las personas acatarradas no podían visitar a los enfermos, y estuvo una semana entera sin ver a mamá.

¡Qué días más largos! La señorita Kling le llevaba sopas e insistía en que las acabara. Mientras tanto, le contaba largas y pesadas historias acerca de la niña de una casa en que había trabajado. Se llamaba Elsebritt. Tenía rizos rubios y era monísima, según decía la señorita Kling. Comía todo lo que le daban, sin protestar jamás de las comidas. Y siempre decía "¡Oh, que rico! ¿Me darás otro poco?" Además nunca se enfadaba y daba abrazos y besos a la señorita Kling.

Un día la señorita Kling preguntó a Pelle si le gustaría ir a jugar con Elsebritt, con el consentimiento de mamá, naturalmente. Pero él contestó que de ninguna manera, y añadió que Elsebritt debía de ser tonta, puesto que besaba a personas que no eran su propia mamá. Para concluir dijo que todas las niñas eran tontas.

—Eres un cascarrabias, hijo — repuso la señorita Kling—. Tienes que pensar que algún día tu mamá fue también niña, y sin embargo la quieres mucho.

"Mamá no fue tonta", se decía Pelle, y bien arrebujado en sus mantas pensaba en ella hasta llorar.

La tarde del primer día en que se levantó, curado ya de su catarro, la señorita Kling rallaba galletas en la cocina y al mismo tiempo cantaba. Papá había anunciado para la mañana siguiente una visita a mamá. Pero mientras veía y oía a la señorita Kling, Pelle sintió unas ganas incontenibles de ver a mamá.

No lo pensó más. Cogió su gorra, y sin molestarse en poner la chaqueta abrió silenciosamente la puerta y bajó los escalones. No tenía dinero para el tranvía, pero conocía el camino. Corrió, corrió hasta perder el aliento; se detuvo un rato y echó a correr de nuevo. Cuando llegó al hospital era casi de noche. Afortunadamente nadie lo vio deslizarse por la puerta. El gran vestíbulo estaba vacío. No se atrevió a subir solo en el ascensor, pero sabía el camino hasta la sala de cirugía porque él y papá siempre bajaban por la escalera. Dos enfermeras estaban de espaldas a él charlando en el pasillo. Y al fin, jadeando, se metió en la habitación, que tenía un gran número 7 sobre la puerta.

—¡Pelle! —dijo mamá asustada. Intentó incorporase en la cama, pero hubo de desistir—¿Qué haces aquí a estas horas, y solo? ¿Lo sabe papá?

Pelle, sin decir palabra, arrojó la gorra al suelo y se lanzó hacia su madre; le echó los brazos al cuello con toda su fuerza y escondió la cara en la almohada. Mamá le acarició el pelo, todo sudoroso después de la apresurada carrera.

¡Mi pobre pequeño! —susurró, y después de suspirar añadió algo como: —Esto no puede ser. No podemos seguir así.

De pronto, se abrió la puerta. Sobresaltado, Pelle levantó la cabeza de la almohada. Allí estaban el médico y la enfermera Asta mirándole asombrados. La enfermera se puso muy seria.

—¿Qué ocurre? — dijo —. ¿Por qué estás aquí, Pelle?

Mamá explicó que se había escapado de casa porque la echaba mucho de menos. El médico y la enfermera le hablaron muy amablemente y le dijeron que no era hora de visita y que los niños no debían ir al hospital solos. Tendría que salir con Asta para telefonear a papá y decirle que viniera a buscarlo. Mientras tanto, el médico miraría la espalda de la pobre mamá.

Pero Pelle se agarró a su mamá gritando:

—¡No quiero, no quiero! ¡No les dejes que me lleven de aquí, mamá!

—¡Pelle, hijo! —suplicó mamá con voz temblorosa y fatigada—. Tienes que irte con Asta. Otro día volverás.

Asta trató de llevárselo, pero se resistió. El médico intentó asirlo, pero Pelle estaba ya fuera de sí. Primero acometió al médico, dándole un topetazo en la barriga, y luego dio un puntapié en una pierna a la enfermera, con tanta fuerza que la hizo gritar.

—Perdónenle —dijo mamá sollozando—. Se asustó mucho el día que me atropellaron. Desde entonces ha cambiado mucho. Antes no era así.

—¡Bueno, chico, estate quieto ya! —dijo el médico sujetándolo fuertemente, mientras Asta salía corriendo para avisar a papá, que apareció al poco rato.

—¿Qué pasa aquí? —preguntó.

Pelle permanecía en silencio, con la vista fija en el suelo. Papá y mamá hablaron en voz baja con el médico.

—Lo mejor sería mandarlo fuera algún tiempo. Los abuelos lo han invitado —decía papá.

—Sí, no habrá otro remedio —asentía mamá preocupada.

—Me parece una idea magnífica — aprobó el médico—. Mucho mejor que el parvulario, que es lo que yo iba a proponer.

—¡No iré! —gritó entonces Pelle.

—Escúchame un momento, Pelle, o como te llames

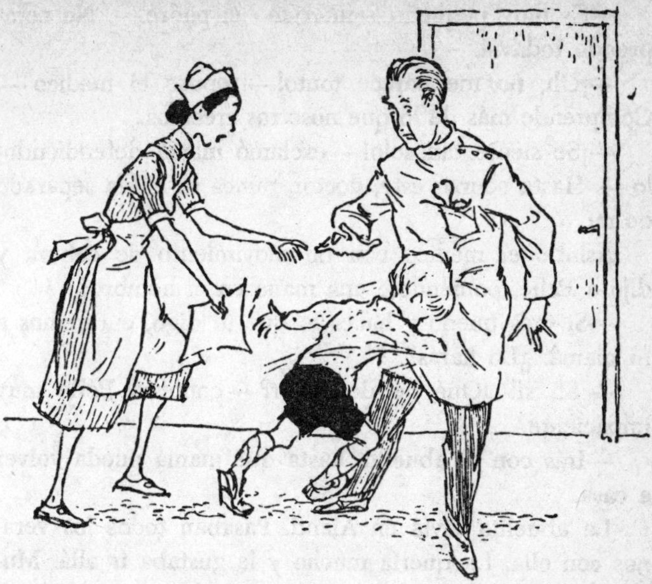

dijo el médico, poniéndose muy serio—. Quieres a tu mamá, ¿verdad?

Pelle no se molestó en contestar una pregunta tan absurda. Naturalmente, todo el mundo quiere a su mamá.

—Ha estado muy mal—siguió el médico—. Ahora empieza a ponerse bien y pronto habrá mejorado lo suficiente para que intentemos una pequeña operación. Pero si vienes tu aquí con estos alborotos, se pondrá mal otra vez. Mírala. ¿Tú crees que esto le conviene?

—No, yo no quería...—tartamudeó Pelle mirando ansiosamente la pálida cara de su madre.

—Ya lo sé—dijo el médico en tono más suave—. Por eso te lo digo. Es muy peligroso.

—Es muy pequeño — intervino el padre —. No comprende todavía.

—¡Oh, no me parece tonto! — repuso el médico —. Comprende más de lo que nosotros creemos.

—¡Se siente tan solo! — exclamó mamá defendiéndolo —. Hasta ocurrir esto, doctor, nunca se había separado de mí.

Asintió el médico con un movimiento de cabeza y dijo a Pelle, poniéndole una mano en el hombro:

—Si eres bueno y haces lo que te digo, curaremos a tu mamá. ¿Lo harás?

—¡Sí, sí! ¿Qué he de hacer? — contestó Pelle muy impaciente.

—Irás con tu abuelita hasta que mamá pueda volver a casa.

La abuelita vivía en Aland. Pasaban todos los veranos con ella. La quería mucho y le gustaba ir allá. Muchas veces hablaba de la abuelita y de los viajes a Aland. Era muy divertido ir en barco. Pero prefería estar con mamá. Además, y por sistema, ahora decía que no a todo.

—¡No iré con la abuelita! — gritó.

—¿No? — dijo papá severamente. — Entonces tendrás que ir con la abuela.

Pelle lo miró. Las cosas se ponían serias. Cuando papá hablaba con aquel tono no valía protestar.

—Iré con la abuelita — contestó resignado —. Tengo allí mis barquitos de vela.

—¡Ah, no! Dijiste que no querías ir con ella y no irás — repuso papá —. No admito discusiones. Es cosa decidida. Irás con la abuela.

—¿Y donde vive? — preguntó el médico.

En Söderasen — contestó papá.

Söderasen quiere decir Serranía del Sur, una de las alturas de Skane, en el sur de Suecia.

—Un lugar muy bonito — comentó el médico —. ¡Qué suerte tienes! Allí se come muy bien.

Por un instante Pelle olvidó sus tristezas:

—La abuela sabe hacer *spettecakes* en un asador. Siempre nos manda uno por Navidad.

—No hay nada más rico — aseguró el médico.

—A mí también me gustan — dijo Pelle.

—Bueno, pues vamos a ver si nos ponemos de acuerdo — continuó el médico —. Si yo curo a mamá, ¿me podrás traer cuando vuelvas un *spettecake* de la abuela?

—¿Y está usted seguro de que mamá se pondrá bien del todo? — preguntó Pelle en tono de duda.

—Casi seguro. Haremos todo lo que podamos. Bueno, ¿qué dices? ¿Me traerás el *spettecake*?

—Lo intentaré.

—Oye, Pelle, ¿no tendrás que hacer algo antes de marcharte? — se oyó decir a mamá con voz suave.

Pelle entendió. Él y su mamá siempre se entendían. Se puso colorado y sintió vergüenza.

—Perdonen por haber embestido y por haber dado patadas — rogó al médico y a la enfermera.

—¡Vaya por Dios! ¡Ni me acordaba ya! — aseguró Asta.

—No te preocupes, pero no lo hagas más — aconsejó el médico.

—No, no lo haré más, porque cuando se da un topetazo duele mucho el cuello.

II

UNA NIÑA CON UNA ROSA Y UN CUELLO DE PIEL

La abuela fue a Estocolmo para recoger a Pelle y se quedó allí unos días, en espera de alguien de la familia que llegaría de Norrland. Los tres irían juntos a Skane.

A Pelle le inspiraba ciertos temores la abuela. Hacía mucho tiempo que no la veía y le costaba trabajo recordar cómo era. Desde luego no era tan fácil de tratar como la abuelita. La abuelita era habladora y gordezuela y se reía mucho. Tenía el pelo blanco y rizado y las mejillas coloradas y llenas de hoyuelos. A veces, cuando estaba muy contenta, daba palmadas y se ponía a bailar, a pesar de que era bastante vieja, y era capaz de hacer cosas todavía más divertidas. Después de mamá, era sin duda alguna la mejor compañera de juegos.

Pero la abuela era muy diferente. Casi tan alta como papá, peinaba su oscuro pelo con una raya central y lo recogía por detrás en un gran moño. No hablaba mucho con Pelle, y al mirar con sus inteligentes ojos oscuros resultaba algo severa. Aquella mirada le hacía encogerse cuando estaba a punto de lloriquear, después de negarse a hacer algo que le habían mandado. ¡Si se tratara de ir con la abuelita, tan alegre y simpática! Se arrepentía ahora de haber puesto dificultades, pero ya no había nada que hacer.

La abuela hablaba ahora con papá acerca de la otra persona de la familia que iría con ella. Se trataba de una niña llamada Katarina. Lástima que no fuera un niño, pero ¿a quién importaban sus deseos?

—...Y resulta que aquel simpático floricultor y su mujer la llevaron el verano pasado a Skane para ver si quedaba por allá algún pariente de la niña —decía la abuela—, pero como no encontraron a nadie, regresaron con ella otra vez. No se les había ocurrido decirme nada porque en realidad mi parentesco no es muy cercano, pero en cuanto me enteré del asunto les escribí. Ellos, sin tener obligación alguna, ya han hecho bastante por la niña.

—¡Pobre pequeña! —comentó papá—. ¡Cuánto ir de acá para allá! ¿Pero estás segura de que podrás resistir a los dos niños a la vez?

—Me las arreglé con vosotros y erais cinco; de modo que bien podré con estos dos. Además yo creo que se cuidarán mutuamente.

—¿Y te quedarás para siempre con la niña?

—Si ella está contenta y nos entendemos, ¿por qué no? Después de tantos chicos, siempre he deseado tener una niña.

Pelle escuchaba sin entender muy bien. ¿Por qué tenía que ir aquella niña con ellos? ¿Por qué no iba a vivir con sus papás? Por otra parte, estaba claro que a la abuela sólo le gustaban las niñas, exactamente como a la señorita Kling. De seguro que Katarina era tan tonta como Elsebritt, aquella niña buena y mona que no hacía más que dar besos, tomar platos y más platos de sopa y comer carne grasienta. "A mí que no venga dándome besos", pensó. "La abuela dice que nos cuidaremos el uno al otro, pero está equivocada. Yo no la cuidaré. ¡Que se quede allá en Norrland!"

—El tren llega a las ocho y cuarto, ¿verdad? —preguntó papá—. Entonces podré recogerla antes de ir al despacho. Pelle, ¿quieres ir conmigo mañana a la estación para buscar a tu primita?

—No —contestó Pelle con energía, y salió inmediatamente.

¡A buena hora iba a ir él a buscar niñas! ¡Y ojo con andar tocando sus juguetes cuando llegara! Seguro que la tal niña resultaría muy pesada. Y si para remate la abuela la quería a ella y no a él, estaba visto que se aburriría más en Skane que en casa.

Pero al día siguiente, cuando papá se encaminó a la estación, Pelle sentía cierta curiosidad. Mientras la abuela leía el periódico, se deslizó hasta el guardarropa y se escondió detrás de los abrigos que estaban colgados. Hubo de esperar bastante rato, tanto que cuando oyó llegar el coche a la puerta le dolían mucho las piernas. Poco después se oía la llave de papá en la cerradura y entraba la niña. Pelle miró cuidadosamente por entre el impermeable de papá y el abrigo negro de la abuela. ¡Qué sorpresa! Esperaba ver una niña pequeña, más pequeña que él, pero resultaba que era dos veces mayor.

Qué aspecto más raro tenía, y qué manera extraña de vestir. Llevaba un abrigo de invierno y un cuello

de piel, a pesar de que había comenzado el verano. Un flequillo de pelo negro le llegaba hasta los ojos, y hundía tanto la barbilla en el cuello de piel, que apenas se le veía otra cosa que la nariz. Había metido muchas cosas en los bolsillos del abrigo, y a causa de ello parecía tener unas caderas anchísimas. Unas medias de lana cubrían sus largas y delgadas piernas. Y prendida en el cuello de piel llevaba una flor artificial tan grande como una col.

Se detuvo a la puerta con un maletín en la mano. Miraba tímidamente bajo su gran masa de pelo mientras papá metía la maleta y llamaba a la abuela.

—¡Mamá! Aquí está la pequeña. Me voy corriendo al despacho.

En cuanto salió la abuela se fue papá.

—¡Bien venida, Katarina, hija! ¿Cómo estás?

"Ahora empezarán los besos", pensó Pelle; pero en lugar de ello, la niña levantó un poco la cabeza, hizo una reverencia doblando la rodilla y alargó la mano con timidez. Sus grandes ojos grises contemplaban ansiosamente a la abuela por debajo del flequillo.

La abuela tomó la pequeña mano entre las suyas y sonrió. Katarina, sin dominar su timidez, respondió con un movimiento de ojos. Después apareció una sonrisa amplia entre el cuello de piel y el flequillo.

—Los señores Näslund me encargan que le dé sus recuerdos y le diga... —Calló, movió la cabeza como si tragara algo y continuó —pues..., que puedo quedarme todo el tiempo que usted quiera tenerme.

La abuela hizo un gesto afirmativo y le apartó el flequillo.

—Bueno, quítate el abrigo, hija. ¡Vaya un calor que tienes!

—¡Ay, sí! ¡Qué calor hace aquí, en el sur! —suspiró la niña quitándose el abrigo.

La abuela le ayudó a colgarlo y lo hizo justamente donde estaba Pelle, de modo que le rozó la cara. Al mismo tiempo cayó algo del bolsillo.

—¿Qué es eso? —preguntó la abuela.

—Sólo una cebolla —contestó la niña presurosa, al tiempo que se agachaba para cogerla; entonces vio una pierna de Pelle.

—¡Mire, tía! —dijo riendo —. Hay un niño escondido entre los abrigos.

—¿De veras? Sal de ahí, Pelle. Sí, Katarina; éste es tu primo y vendrá con nosotros a Söderasen.

No había más remedio que salir.

—¡Hola! —saludó la niña dándole la mano.

—Le gusta jugar así —explicó la abuela.

"¿Será verdad?", se preguntó Pelle, avergonzado de haber sido descubierto.

—A mí algunas veces me gusta jugar también al escondite —dijo la niña.

Y a continuación se puso a buscar lo que le había caído. Pelle lo recogió y se lo dio. Era una cebolla, pero no de las que se cuecen con la carne; era una cebolla muy rara.

—Es una cebolla de tulipán —aclaró la niña—. Tengo diecisiete. Por poco me olvido de ellas al ir al tren. Me las dio el señor Näslund.

—¿Y qué vas a hacer con ellas? —preguntó Pelle, aunque se había propuesto no hablar con Katarina.

—Había pensado plantarlas delante de la casa de la tía, en Skane, si me dejan — contestó mirando con gesto de duda a la abuela.

—Gracias, hija; claro que te dejarán.

—El señor Näslund dijo que no florecerán el año que viene, y que al otro tal vez sí.

—Será muy bonito. Ahora vamos a ver si desayunamos. Y no me parece bien que me llames tía. Me resulta un poco extraño. Llámame abuela, Katarina.

—Bueno... pero...

—En fin, si no quieres llamarme abuela, es lo mismo.

—¡Oh, no! No es eso, tía... digo abuela. Lo que quería decir es que tú y Pelle me tenéis que llamar Kaja, como hacen los demás.

—Muy bien. Vámonos entonces, Kaja.

Pelle no dijo nada. "Kaja", pensó, "parece el nombre de un pájaro..., grajo. Algo como un cuervo pero más pequeño. Qué raro que quiera llamarse así. Claro que también sería raro llamarse como una iglesia, porque en Estocolmo había una iglesia que se llamaba Katarina".

Al llegar a la puerta del comedor, Kaja se detuvo y dijo:

—Se me había olvidado. Vuelvo en seguida.

Se fue corriendo y volvió con la flor artificial, sujeta al vestido con un imperdible. La abuela la miró sorprendida:

—¿Es también un regalo del señor Näslund?

—¡Oh, no! Me la dio una chica llamada Gertrud, mi gran amiga. Antes estaba en el mejor vestido de su mamá, después fue de Gertrud y Gertrud me la dio a mí.

—¡Ah, ya!

—Le prometí llevarla durante todo el viaje, día y noche, dentro y fuera de casa.

—Desde luego, hay que cumplir lo prometido.

—Y yo le regalé a Gertrud otra rosa, una de verdad que me dio el señor Näslund por llevar un encargo de guirnaldas. Y cuando se marchite, Gertrud la pondrá a secar y la guardará toda la vida.

—Muy bien —dijo la abuela—. Ahora vamos a tomar algo. ¿Quieres sopa de avena?

—Sí, pero muy poca.

"Bueno, por lo menos no es como aquella tragona de Elsebritt", pensó Pelle. Y observaba con tanta atención a la nueva prima, que no se dio cuenta de que estaba tomando un gran plato de sopa de avena. Preguntó a Kaja:

—¿Cuántos años tienes?

—Haré once el mes que viene. Tú tienes cinco. Lo sé porque la abuela nos lo dijo en una carta.

—Pero pronto haré seis —replicó presuroso.

La cosa marchaba mejor de lo que podía esperarse. Por ello desistió de esconderse detrás de la mesa de escribir, como había pensado hacer. Y como la señorita Kling estaba preparándole sus maletas, empezó a recoger todo lo que podría serle necesario. Pero a la señorita Kling le parecían demasiadas cosas:

—No puedes llevar todo lo que hay en el armario de los juguetes. No hay bastante sitio en las maletas.

—El niño ha de llevar con que entretenerse — intervino la abuela con decisión —. Déjele poner lo que más le guste.

Y de este modo la señorita Kling hubo de aceptar el coche de los bomberos, el cochecito azul y un libro, "Los niños duendes", de Elsa Beskow. Pero cuando apareció después con el perro y el león de trapo, la señorita Kling cerró la maleta y dijo que no había sitio para nada más. Pelle se enfadó mucho, hasta tal punto que estuvo a pique de esconderse otra vez detrás de la mesa de escribir, y sólo se aplacó cuando Kaja le dijo en voz baja que el perro y el león podrían meterse en su maleta, donde había mucho sitio, siempre que él la ayudara después a cerrarla sentándose encima. Así lo hicieron, pero después de cerrada tuvieron que volverla a abrir porque por uno de los lados salía la pernera de un pijama. Al cerrarla por segunda vez, quedó a la vista la punta de un pañuelo, pero Kaja aseguró que no tenía importancia.

III

RIMAS EN COCHE-CAMA

SALIERON al caer la tarde. Papá los acompañó hasta el vagón, y dijo a Pelle en voz baja:

—Mamá y yo, y también el médico, esperamos que te portarás bien con la abuela y con Kaja.

—Procuraré hacerlo.

Poco después arrancó el tren. Iban en coche-cama, y ello era muy emocionante para Pelle, que viajaba así por primera vez.

Al entrar en el departamento y ver solamente dos camas había preguntado a la abuela:

—¿Dónde dormiré yo?

—Arriba, porque yo soy demasiado vieja para subir y bajar la escalera.

—¿Y ella?

—Contigo. Los niños tienen que dormir en la misma cama cuando se va en tren.

—No quiero — replicó Pelle indignado —. Ella no dormirá en mi cama.

—No, pero tú podrás dormir en la de ella, si eres bueno — dijo la abuela riendo.

—Quiero volver a mi casa— repuso con enfado.

—¿Ah, sí? Pues va a ser un poco difícil.

Pelle miró por la ventanilla. El tren corría mucho y atravesaba en aquellos momentos un puente. No se veía más que agua.

La abuela abrió su maleta y comenzó a sacar lo necesario para la noche. Luego añadió sosegadamente:

—Además hay mucho sitio arriba. Las literas son muy largas y podréis acostaros uno a la cabecera y otro a los pies procurando no daros patadas.

Pelle trepó por la escalerilla y examinó la litera. Desde luego, no era corta. ¡Pero dormir con Kaja, él que nunca había dormido con nadie!

Después de colgar su abrigo, intervino Kaja para decir:

—Estaremos muy bien, ya verás; y te prometo estar quietecita como un ratón en un cajón, como un gato en un plato, como un...

—¿Sabes hacer rimas? —interrumpió Pelle asombrado y olvidando su mal humor.

—Sí, ¿y tú?

—Ya lo creo. Mamá y yo siempre las hacíamos. Me leía "La casita del sombrero"; ya sabes, aquel libro en que hay que inventar rimas. Así aprendí.

—Pues haz alguna para que lo vea. Dime cómo estarás quietecito en la cama.

—Como una foca en una roca —dijo Pelle mientras se sentaba en la litera baja.

—Muy bien —aprobó Kaja sentándose a su lado—. Vamos a seguir, una vez cada uno. Ahora digo yo: como un león en un colchón.

—Y yo digo: como un perrito en un vasito.

—Como un gato en un zapato.

—Como un pez en una nuez.

—Como un cordero en un basurero.

—¡Oh, qué feo! — protestó Pelle —. Ahora digo yo: como un señor en su comedor.

—Pues yo digo: como una rana en una ventana.

De pronto se volvió la abuela e intervino en el juego:

—Como un grillo en un cigarrillo.

Pelle la miró sorprendido y le preguntó:

—¿También tú sabes hacer rimas, abuela?

—¡Ah! Yo no soy tan tonta como crees.

—Ahora te toca a ti, Pelle — ordenó Kaja.

—Como un mosquito en un agujerito — obedeció Pelle.

—Como un oso en un foso —siguió Kaja—. Y ahora le toca a la abuela.

—Como un zorro en un gorro —dijo la abuela mientras sacaba de la maleta el pijama de Pelle.

—Como una tortuga en una lechuga —añadió Pelle.

—Como un elefante en un guante —agregó Kaja.

Entonces Pelle se echó a reír estrepitosamente ante la idea de un elefante metido dentro de un guante.

—Y colorín colorado, este cuento ha terminado —interrumpió la abuela—. Basta de rimas por hoy. A la cama, niños. Mañana tendremos que levantarnos pronto para coger otro tren, porque éste no llega hasta allá.

—Como una vaca en una butaca —canturreó Kaja ya en la escalerilla. Subió a la litera, y una vez allí trasladó la rosa artificial de su abrigo a la chaquetilla del pijama.

—Oye —le dijo Pelle, que ya estaba acostado, después de haberse limpiado los dientes—. ¿No sabes que una vez inventé un poema de verdad?

Pero el tren hacía tanto ruido que Kaja no podía entenderle. Entonces Pelle se acercó a gatas y le repitió al oído:

—¿Has visto nunca a una ardilla
comerse una zapatilla?

Kaja dijo que era un poema muy bonito, pero que había que dormir. Apagó la luz de una pantalla metálica que había en su cabecera y se quedaron a oscuras mientras Pelle volvía a su sitio. La abuela había apagado también su luz. Penetraba tenuemente la claridad dorada del pasillo.

Pero Pelle no podía dormir. El tren se movía mucho, saltaba al pasar las agujas de las estaciones, y en el interior del departamento no cesaba el gemir de hierros y maderas. La cama además era muy dura e incómoda. Dio mil vueltas y pensó en mamá, allá en el hospital y cada vez más lejos. ¿Y si no se pusiera nunca bien? ¿Y si no se curara después de la operación? ¿Y si tuviera que quedarse toda la vida en el hospital? De ser así, tal vez tendría que vivir siempre con la abuela y no volver nunca más a casa. Dijeron que estaría con ella hasta que se pusiera bien mamá; pero si no se ponía bien, ¿qué?

Pensando en todo esto se puso tan triste que le dieron ganas de arrojarse del vagón y volver a casa. Y al comprender que no era posible, empezó a sollozar. ¿Por qué estaba allí, en aquel tren tan horrible y ruidoso? Viajar en coche-cama era mucho menos divertido de lo que creía. A veces el tren paraba bruscamente y le lanzaba casi de la litera. En cambio, Kaja dormía muy tranquila, quietecita como un ratón, tal como había prometido, pero sus piernas le estorbaban cuando quería ponerse cruzado en la cama, como solía hacer en su casa. Empezó a llorar de verdad y en seguida se encendió la luz de Kaja. La vio sentarse y mirar hacia él. Luego observó que alcanzaba el maletín que había colocado en la rejilla de la litera y buscaba algo en su interior. A continuación sacaba dos manzanas rojas y brillantes y le ofrecía una. Finalmente le dijo adiós con la mano y apagó la luz.

Pelle continuó echado comiendo la manzana mientras el tren proseguía su marcha hacia el Sur. Fuera, la noche de verano iba poniéndose gris. La manzana era muy rica. Sabía a miel. La aprovechó hasta lo imposible, y no sabiendo donde poner el resto, lo tiró al suelo. Después quedó profundamente dormido, tanto que no despertó hasta que por la mañana oyeron decir al revisor: "Dentro de treinta y cinco minutos estaremos en Hassleholm."

Tuvieron que darse prisa. La abuela ya estaba levantada, y después de haberse lavado se ponía los zapatos.

Las agujas doradas del sol de la mañana penetraban por la ventanilla y hacían bailar un arco iris en el jarro del agua. Pelle se lavó y se vistió, y al abotonar la camiseta él solo pensó que era muy agradable librarse de la tiranía de la señorita Kling. Temió que la abuela se impacientara y empezara a ayudarle, pero no fue así y estuvo listo a tiempo. Guardaron todas sus cosas en las maletas y Kaja trasladó su querida rosa artificial al cuello de piel. Poco después descendían en la estación de Hassleholm y se mezclaban con la muchedumbre de viajeros que salía del andén.

Como tendrían que esperar un rato hasta subir al otro tren, la abuela los llevó a la calle y se dirigieron a un café, donde tomaron chocolate con panecillos tiernos.

—¿Quieren también nata? —preguntó la camarera.

—¡Ya lo creo! Haga el favor —contestó la abuela muy resuelta.

Ella tomó café y leyó un periódico de Skane que había en la mesa. Y entre unas cosas y otras llegó la hora de marcharse.

No había duda en cuanto a la región en que se encontraban. El nuevo tren estaba lleno de campesinos de rostros colorados que hablaban con el acento de Skane. El revisor saludó a la abuela como a una vieja amiga:

—¿Qué tal, señora Bengtsson? Se estará bien allá arriba en la montaña, ¿verdad?

—Tampoco se está mal en Estocolmo — contestó sonriendo.

¡Qué gracia! La abuela hablaba ahora con mucho más acento de Skane; y en Estocolmo, desde el momento en que la abuela entró en casa, papá se había puesto a hablar también con acento de Skane.

Pelle miraba a la abuela con gran respeto, y pensaba que el hecho de ser amiga del revisor era una prueba de su importancia. Ahora, al verla contemplar el paisaje por donde corría el tren, parecía tan amable y simpática que ya no le producía miedo. Pelle se acercó a ella, y poniéndole una mano en el hombro se puso a mirar también por la ventanilla. Kaja aproximó a él su despeinada cabeza y le preguntó:

—¿Habías estado aquí antes, Pelle?

—Sí, pero era muy pequeño y ya no me acuerdo. ¿Y tú?

—Anduve por aquí el verano pasado.

—¿Sola? ¿No vinieron tus papás contigo?

—Estaba con los señores Näslund — contestó sonrojándose. Y a continuación se fue al lado opuesto del departamento y se puso a mirar por la ventanilla.

Pelle la observaba perplejo sin comprender lo que pasaba. La abuela le cogió la mano y lo acercó a sí, mientras le decía al oído:

—Los papás de Kaja murieron cuando era muy pequeña. Entonces fue a vivir con una tía, pero el año pasado la tía también murió. Ahora está casi sola en el mundo y yo pensé que tú y yo podríamos cuidarla un poco.

Pelle no sabía qué decir y apretó la mano de la abuela antes de soltarla. ¡Qué horror! Ni papá ni mamá. Y a pesar de todo, a veces se reía y hacía chistes. Ahora, sin embargo, no parecía estar muy contenta. Había hundido la cabeza entre la piel del abrigo, igual que el día anterior al llegar a casa. Le daba pena, pero no sabía cómo animarla.

Miró a la abuela, que asintió con la cabeza; luego se aproximó a Kaja y cogiéndole del brazo le dijo:

—¿Te gustan los coches? ¿Quieres el mío azul? Te lo doy, pero me dejarás jugar alguna vez con él.

—Claro que sí. Gracias.

Había respondido con voz muy baja. Estaba triste. Tal vez no le interesaba mucho el coche azul.

—¿Prefieres el coche de bomberos? —insistió Pelle un poco entristecido, porque el coche de bomberos era espléndido y completamente nuevo.

—Gracias. Me gusta más el coche azul —contestó Kaja algo sonriente.

—Entonces para ti —decidió Pelle con alivio.

Momentos después el tren se detuvo en una estación y subió una vieja con un cesto. Había ya otra, sentada en uno de los ángulos del departamento, y resultó que las dos eran amigas y en seguida se pusieron a charlar. La segunda era bastante sorda y hablaban a voces, con lo cual todos se enteraban de la conversación. Sentadas frente a frente, decía la del cesto:

—Voy a llevar mis gatitos a Fritzine Assarsson.

—¿Gatitos? —dijo la otra— ¿Me los dejas ver?

La recién llegada abrió la tapa del cesto y, como si quisieran salir de su prisión, se asomaron dos gatitos maullando y rascándose.

De un salto, Kaja se arrodilló junto a los animales y los contempló entusiasmada.

—¡Pelle, ven a verlos!

No tardó Pelle en ponerse a su lado y observar con el mismo entusiasmo a los gatitos. Preguntó a Kaja:

—¿Te gustan los gatitos?

—Más que nada en el mundo.

—¿No tenéis gato? —indagó la dueña.

—No —respondió Kaja—, pero tendré uno cuando sea mayor.

—Pues es muy fácil tenerlos; lo difícil es quitárselos de encima, guapa.

Las dos mujeres se echaron a reír y comenzaron a

hablar de un tal Dagny, que había comprado una nevera, cosa que a juicio de ellas todo el mundo debería tener. Mientras tanto, Kaja y Pelle jugaban con los gatitos, hasta que al llegar a su destino, la vieja cerró el cesto y bajó del tren. Entonces Kaja preguntó a la abuela si tenía animales.

—Ya lo creo, aunque no muchos. Ya los veréis cuando lleguemos.

—Oh, qué suerte —exclamó Kaja.

—A mí también me gustan los animales si son buenos —afirmó Pelle—, pero si muerden no me gustan.

—Yo sólo tengo animales buenos —dijo la abuela—. Y ahora, si miráis por la ventanilla, veréis Söderasen.

A la izquierda del tren se alzaba una pendiente cubierta de árboles, y Kaja preguntó:

—¡Qué árboles más bonitos! ¿Son hayas?

—Hay varias clases de árboles allí; hayas, robles y abetos, pero la mayoría son hayas. Algún día, creo yo habrá más abetos que hayas.

—El verde que se ve allí está tan arregladito como el perejil —comentó Pelle apuntando con el dedo.

—Cuando yo era pequeña y veía desde lejos las hojas nuevas de los robles también creía que eran plantas de perejil —dijo la abuela riendo.

Y Kaja recordó en voz más baja:

—A mi tía le gustaba mucho el perejil. Lo ponía en los bocadillos y decía que si la gente comiera todos los días perejil y otras cosas parecidas no habría enfermedades. Nosotros, la tía y yo, lo hacíamos así, pero a pesar de ello se puso enferma y murió.

—Era maestra de escuela, ¿verdad? —preguntó la abuela acariciando la mano de Kaja.

—Sí, y era muy buena — contestó Kaja encogiéndose otra vez el cuello de piel —. Al parecer toda la gente buena se muere.

—Tarde o temprano, tenemos que morirnos todos, lo mismo los buenos que los malos — afirmó la abuela —, pero sólo echamos de menos a las personas buenas.

A Pelle no le gustaban estas conversaciones. Sentía calor e impaciencia. No cesaba de moverse, y preguntó:

—¿No llegamos todavía?

—Casi, casi — respondió la abuela.

Pero aún tardaron un rato, y durante él Kaja enseñó a Pelle a jugar a las palmadas. Intercambiaron muchos manotazos, unas veces acertando, otras no, hasta que al fin la abuela se levantó, empezó a bajar el equipaje y dijo:

—Ya estamos.

IV

FOLKE, "LUBBE" Y "AMELIE", LA OCA SABIA

La velocidad del tren disminuyó poco a poco. Cuando hubo entrado en la estación, la abuela se asomó a la ventanilla, hizo señas a alguien y gritó:

—¡Aquí, Folke!

Apareció el más jóven de los hijos de la abuela, tan joven que Pelle nunca le llamaría tío; les ayudó a bajar y cogió las maletas.

No se parecía mucho ni a la abuela ni a papá. Era más bien bajo, ancho de hombros y grueso. Su rizado pelo tenía el color de la paja; sus ojos eran de un azul claro, como su camisa. Jamás había visto Pelle una persona tan tostada por el sol como Folke.

—¡Bien venidos a Söderasen! ¡Qué alegría tener chicos otra vez en la vieja Stubbagarden! Yo he sido "el pequeño" demasiado tiempo.

Kaja, que se había escondido detrás de la abuela, se asomó lentamente cuando Folke le ofreció la mano, y se puso colorada de gozo cuando le oyó decir:

—Eres muy buena por venir a vernos desde tan lejos. Procuraremos que lo pases bien y no te arrepientas.

—Estoy muy contenta... —tartamudeó Kaja.

—Tú, Pelle, estás más alto. ¿Verdad que no te acuerdas de mí?

—Sí, sí...

La verdad es que no se acordaba, pero ahora, al verlo tenía la vaga idea de haber ido montado en los grandes hombros de Folke y agarrado a sus rizos.

—Cuando yo era pequeño te llamaba Tolte —añadió Pelle.

—Es cierto, lo recuerdo.

Folke hablaba con lentitud y decisión. Cargado de maletas, caminaba con las piernas muy separadas hacia el coche. Evidentemente, sabía lo que quería, y decía lo que pensaba. Al reír se le formaban arrugas alrededor de los ojos. Cuando preguntó a la abuela cómo había ido el viaje, la abuela respondió que muy bien, pero que ya tenía ganas de verse en casa.

El coche no era muy bueno, ni moderno tampoco, pero de todos modos era un coche. A Pelle le gustaban todos los automóviles menos las camionetas. Papá aún no había comprado ninguno. "Tal vez el verano próximo", solía responder cuando Pelle le preguntaba si no podrían tenerlo.

—Ya sé que tú quieres sentarte conmigo delante, Pelle —le dijo Folke, como si hubiera adivinado su pensamiento.

Pelle subió en seguida, y la abuela y Kaja se instalaron detrás.

Después de un rato de marcha, anunció Folke:

—Ahora subiremos a la sierra.

La carretera trepaba gradualmente y describía suaves curvas entre el verde pálido de las hayas, acariciadas por la luz del sol, que penetraba entre la tierna y brillante seda del follaje. Acá y allá se veían montones de hojas del año anterior. Sus tonos eran muy variados: rojo ladrillo, pardo mohoso, rosado... Era todo tan bonito, que Pelle se olvidó de mirar el volante y el velocímetro, cosa que siempre hacía cuando iba en la delantera de un coche.

—¡Mira, mira qué perrito más raro! — dijo al ver un animalito gris-pardo que cruzaba velozmente la carretera.

—Es una liebre — aclaró Folke.

—¡Oh! — exclamó Kaja —. ¿No podríamos pararnos para verla?

Pero la liebre ya había desaparecido entre los árboles.

—Te cansarás de ver liebres. Tenemos infinidad de ellas alrededor de Stubbagarden — dijo la abuela.

La carretera seguía subiendo.

—¿Iremos más arriba aún? — preguntó Pelle.

—Sí — contestó Folke —. Los que dicen que Skane es un país llano es porque nunca han estado en Söderasen.

—Sin embargo, Kaja ha visto sitios más altos en el norte, ¿verdad? — preguntó la abuela.

Pero Kaja no tuvo tiempo de responder porque habían llegado al final del viaje. Apareció un espacio abierto en el bosque. Se podían ver, prolongándose en la distancia, llanuras cultivadas y bosques. A lo lejos brillaba el agua del Oresund, y más allá "la azul Dinamarca" — como dijo la abuela respondiendo a la asombrada pregunta de Kaja.

—Lo más bonito de aquí es la vista — añadió.

—Y después de la vista, la hoz — intervino Folke.

—¿Qué es eso?

—¿Una hoz? ¡Ah! Vosotros los del norte diréis probablemente barranco. Pues es un valle estrecho, con bosques y un arroyo. Ya lo veréis.

Una tapia cubierta de zarzas trepadoras separaba los campos de Stubbagarden de la carretera. Detrás se alzaban largos edificios rojos construidos alrededor de un patio cuadrado. Techumbres de paja cubiertas de verde musgo cubrían las edificaciones más bajas, y unos viejos y grandes robles asomaban sus espesas copas.

Folke abrió la portezuela y descendió. Inmediatamente, algo muy grande, negro y peludo salió corriendo a su encuentro y se lanzó sobre el coche con alborozados ladridos. Y junto con el objeto negro, aleteando y graznando, apareció otra cosa blanca.

Hubo un torbellino de pelo negro y alas blancas, de mandíbulas rojas y picos amarillos. El ruido era tan grande que no se oían los ronquidos del viejo motor.

La abuela tuvo que abrir su portezuela y recibir la tempestuosa salutación. Pelle se volvió hacia atrás, de rodillas en su asiento, y Kaja chillaba de alegría. Los que así llegaban eran "Lubbe", el perro de Terranova, y "Amelie", la oca sabia, que tenía doce años y llevaba mucho tiempo sin poner huevos, pero a la cual habían perdonado la vida por su inteligencia.

—Éstos son nuestros nietos — dijo la abuela a los animales —. Saludadlos y dadles la bienvenida.

Pero en lugar de hacerlo, "Lubbe" se coló de un gran salto dentro del coche, seguido de "Amelie", que daba la impresión de haber andado toda su vida en automóvil. Husmearon un poco a los niños, pero sin mostrar gran interés. En cambio, colocando la cabeza en las rodillas de la abuela, el perro y la oca la miraban con adoración, como si quisieran explicar lo mucho que la habían echado de menos. Entonces Folke condujo el coche al patio.

Kaja, encantada, acariciaba en secreto el pelo de "Lubbe", que permanecía indiferente a ella. Pero "Amelie" le alargó el pescuezo con un graznido amenazador.

—¡Vamos, "Amelie"! — ordenó la abuela, dándole un golpecito en el pico. Y se calló, aunque no abandonara del todo su enfado ni dejara de mirar a Kaja de manera un poco torcida.

—"Lubbe" y "Amelie" — explicó la abuela — son muy amigos, y "Amelie" siempre teme que alguien pueda hacer daño a su compañero. Lo protege.

Resultaba extraño que una oca se dedicara a proteger a un perro tan grande como un oso.

Llegó el coche a la puerta, y viajeros y animales descendieron. Pasada la puerta los forasteros encontraron tanto que ver, que casi se olvidaron del perro y de la oca. Al pie de la escalera sonreía una mujercita con cara de duende, que habló así:

—Bien venida, querida Klara. Bien venidos, queridos niños.

—Ésta es mi prima y vieja amiga Dela — explicó la abuela —. Es viuda, como yo, y ahora vive con nosotros.

El perro y la oca pemanecieron respetuosamente fuera mientras la abuela enseñaba a los niños su habitación. Folke la seguía con las maletas. La habitación estaba en la buhardilla. El papel de las paredes había perdido parte de su color. No tenía cielo raso, de modo que se veían las vigas y la paja de la techumbre. En la ventana había una planta — un pelargonio rojo — y en el suelo unas alfombritas a rayas, muy alegres. Arrimadas a las paredes aparecían dos camas: además, una mesa, algunas sillas, una cómoda, un lavabo con jarra y jofaina floreadas y dos arcas, una roja y otra azul.

—Tu abuelo hizo ésta para tu papá cuando nació — dijo la abuela a Pelle, indicando el arca azul —. Puedes guardar en ella tus juguetes y tus cosas. La otra era de mi casa, de cuando yo era pequeña. Ahora será para Kaja.

Encima de la cómoda había un florero. Kaja puso en él, como si se tratara de una flor auténtica, su rosa artificial.

—Y ahora más vale que te pongas un vestido fresco, porque hará calor — indicó la abuela a Kaja.

Le ayudó a buscar un vestido de verano en la maleta grande. Cuando lo encontraron y se lo puso, resultó que le estaba algo pequeño. Las piernas de Kaja parecían entonces más largas y delgadas.

Luego, tras recoger el abrigo y el grueso vestido de lana, dispuso la abuela:

—Guardaremos la ropa de invierno con naftalina.

Pelle se asomó a la ventana y vio el brillo plateado del agua, allá a lo lejos, en la verde hoz, al sur de la granja.

—¿Es un lago aquello? — preguntó.

—No — respondió la abuela —. Es el arroyo. Se llama Hallabäcken y desemboca en el Vegean.

—Rönnean, Vegean, Kävlingean… — recitó Kaja, que había estudiado los ríos de Skane en la clase de Geografía —. ¿Podremos bañarnos en el arroyo?

—Sí — contestó Folke, que acababa de entrar con la última maleta —. Os llevaré pronto allá y os enseñaré un sitio donde podréis bañaros sin peligro.

—Papá decía que el ruiseñor cantaba en la hoz y que allí crecían los avellanos. ¡Vamos en seguida! — dijo Pelle, cogiendo a Folke por una pernera.

—Primero comeremos algo — dispuso Folke —. Dela nos habrá preparado una buena comida. Después he de salir un rato con el tractor.

—Tendréis muchas ocasiones de ir — añadió la abuela —. El ruiseñor no canta hasta la tarde, y las avellanas no estarán maduras hasta el otoño. Lo mejor es que ahora os lavéis las manos.

Al pasar por el vestíbulo vieron a "Lubbe" y a "Amelie", que esperaban pacientemente junto a la puerta abierta.

—¿Cómo podré hacerme amiga de "Lubbe"? —preguntó Kaja.

—Vosotros dos podréis dar la comida a "Lubbe" y a "Amelie", y así seréis pronto amigos —respondió la abuela—. Pero más vale no hacer juegos violentos con "Lubbe" hasta pasados unos días, porque si no te picará, "Amelie".

En aquella casa se comía en la cocina. En un hueco, hecho con grandes piedras desiguales y blanqueado, había un gran horno de ladrillo. La abuela tenía también un infiernillo eléctrico que servía para hacer el café del desayuno. En el suelo había una trampa que conducía a la bodega.

El desayuno fue magnífico y lo sirvieron en una mesa plegable. Se componía de jamón, huevos y salchichas, con patatas fritas, pan moreno y mantequilla; estaba todo riquísimo. La leche era amarilla y espesa como la nata, y estaba muy fría porque acababan de subirla de la bodega. Devoraron todo como hambrientos. La abuela y Dela los miraban encantados. Pero fue Folke quien acabó de despachar fuentes y bandejas, pues en cuanto su plato quedaba vacío volvía a llenarlo. Hasta entonces nunca había visto Pelle semejante entusiasmo por la comida, y ante su mirada atónita decía Folke entre risas:

—Todo esto es bueno. ¿Por qué vamos a dejarlo para los cerdos cuando uno mismo puede hacer de cerdo civilizado? Los cerdos, además, ya tienen todo lo que necesitan.

Concluido el desayuno, Folke se fue y la abuela enseñó la casa a los niños. Las habitaciones eran más bien bajas y pequeñas. En todas las ventanas había tiestos con flores, vasos llenos de brotes y de ramitas que crecerían después hasta convertirse en plantas. Cada habitación tenía una mecedora y un gran sofá. Tres de las paredes del cuarto de Folke estaban cubiertas con mapas de Skane, puestos en sus marcos; en la otra colgaban escopetas de caza de todos los tamaños; encima de la mesa de escritorio había unas cuantas jarras de vidrio con muestras de semillas; y la estantería estaba llena de libros sobre la cría de ganados.

—¿Son escopetas? —preguntó tímidamente Kaja, mirando las armas.

—Sí — respondió la abuela —. La más grande es para cazar alces, y las otras, para caza menor. Casi todos los hombres de esta tierra son cazadores. Hay muchos animales salvajes, y si nadie los matara, habría demasiados zorros y liebres.

Kaja se inquietó un poco al oír esto, pero no dijo nada.

En la habitación de Dela había un telar con una alfombra a medio hacer. La abuela explicó que Dela se ganaba la vida tejiendo alfombras grandes y pequeñas para una de las grandes tiendas de artesanía de Skane. Además era muy buena costurera y había prometido hacer un vestido para la abuela y otro para Kaja.

La habitación más grande de la casa tenía todos sus muebles cubiertos con sábanas, y un gran saco de lona protegía la lámpara. En las paredes había ampliaciones del abuelo y de sus padres; también de los padres de la abuela el día que se casaron. Había también en aquella sala un piano negro, tan alto que casi llegaba al techo. Y otra cosa muy importante: una vitrina de nogal con numerosas figuritas de ángeles, pastores y pastoras, dos perritos, un gato y un niño con una carretilla llena de flores; pero el adorno principal era una gallina de porcelana de vivos colores, sentada en un cesto de huevos. Sí, había muchas cosas que mirar allí.

Sin embargo, lo más bonito de todo era la habitación de la abuela, cuyas paredes, mesas y cómoda estaban llenas de fotografías de sus hijos y nietos. Un loro verde se balanceaba en una anilla; al ver a la abuela se puso tan contento como "Lubbe" y "Amelie" y se lanzó con un "¡Ja-ja-ja!" al hombro de su dueña, a quien picoteó el pelo; luego se puso a decir:

—Buenos días, Julito. ¿Quieres comer algo, Julito? Buenas noches, Julito; que duermas bien.

Después ladeó la cabeza mirando pensativamente a los niños y repitió:

—Buenos días, Julito.

—Se llama "Julio" — explicó la abuela mientras le rascaba la cabeza.

De pronto "Julio" sacó una horquilla del moño de la abuela, voló hacia su jaula dorada, y entró en ella por la puertecita, que estaba abierta.

—No me hagas eso —rió la abuela.

Después metió la mano en la jaula, en un intento de recuperar su horquilla, lo cual consiguió tras mucho forcejear con "Julio". Inmediatamente el loro volvió la espalda y repitió el mismo grito con que la había recibido:

—¡Ja-ja-ja!

Y ya no hubo manera de hacerle hablar más. Estaba enfadado. No hizo el menor caso de la abuela ni la miró siquiera cuando se acercó para decirle:

—¡Vamos, "Julito"! No te enfades.

Y se hizo el distraído cuando los niños le llamaron:

—¡"Julio"! ¡"Julio"!

Entonces la abuela se inclinó para acercar la cabeza a la jaula, de modo que el moño quedara al alcance de "Julio". Éste no perdió un instante y arrancó con gran presteza una horquilla, cosa que aceptó la abuela diciendo:

—Bueno, ésa para ti.

Colocó "Julio" la horquilla en su palo, y para que nadie pudiera quitársela, le puso una pata encima. Luego miró a su alrededor con aire triunfal.

—Me quita todas las horquillas y las esconde detrás de su bebedero —contó la abuela—. A veces, si despierta antes que yo, me roba todas las que dejo en el tocador y se pone a jugar con ellas, como vosotros los niños cuando jugáis a hacer casas.

—¿No sabe decir nada más que lo que dijo? —preguntó Kaja.

—No. Tienes que enseñarle tú algo. Folke y yo no tenemos mucho tiempo para hablar con él.

—Bueno; pensaré algo bonito para que lo aprenda. Pelle dijo que también lo haría, pero que en aquel momento prefería salir.

¡Sí, sí! — asintió Kaja —. Vamos al establo a ver las vacas.

—Las vacas están fuera ahora, pero me parece que encontraréis dos terneros. Además podéis ver las gatas y los gatitos, y tener uno cada uno, si lo queréis.

Kaja se puso pálida de emoción y gritó:

—¿De veras? ¿Me dejarás... podré tener un gato para mí sola?

—Naturalmente. Pero no podréis meterlos en casa.

Han de quedarse en el establo para cazar ratones. Para eso los tenemos.

—Vamos, Kaja — dijo Pelle, muy impaciente, y los dos salieron volando.

—¡Que duermas bien, Julito! — les gritó el loro.

La abuela salió también y les dijo mientras corrían:

—El establo lo encontraréis a la izquierda. Y no cojáis los gatos recién nacidos. Buscad uno que tenga seis semanas o cosa así. Los más pequeños han de estar con su madre.

V

"GARRAS DE TIGRE", "NARICITA ROSA" Y OLA GÄDDA

Cuando los niños llegaron jadeantes al establo vieron tres terneros junto a sus pesebres. Mugían y se rascaban la cabeza contra la puerta, en espera de su pienso. Los contemplaron unos instantes, pero Kaja echó en seguida a correr porque acababa de descubrir algo mucho más atractivo.

En uno de los pesebres vacíos había una gata de piel listada con cuatro gatitos recién nacidos. Un poco más allá, otros gatos, algo mayores, jugaban en un rayo de sol bajo la mirada de su madre, una gata blanca y negra. Kaja se detuvo y cruzó las manos con entusiasmo. Había llegado el gran momento de la elección de su primer animalito.

—¡Corre, Pelle! ¿Cuál quieres tú?

—El negro. No... aquel pequeño gris. No... no sé.

—¡Son todos tan preciosos...! —dijo Kaja, indecisa.

—El amarillo, no —protestó Pelle—. Es muy feo.

Verdaderamente no era muy bonito, con su color amarillo-rojizo y con una oreja negra y la otra medio caída.

—¿Ves aquel negro y de pecho blanco? — preguntó Kaja —. Tal vez sea el mejor.

—Sí. Es el más bonito.

—Bueno, pues para ti. Yo me quedaré con el gris.

Pelle dudaba y comentó:

—¡Pobre amarillo! Nadie te quiere. Es lástima que seas tan feo.

—¡Mis-mis-mis! — llamaba Kaja, intentando atraer a uno de los grises.

—Pero es simpático y gracioso, a pesar de todo — continuó Pelle en su comentario sobre el amarillo —. Se podría pensar que es un tigre.

Y el gatito, como si comprendiera sus reflexiones, se le acercó saltando. Luego ladeó la cabeza y levantó la oreja negra en actitud interrogante.

—¡Qué oreja más bonita tiene! Parece de terciopelo. Y me quiere — porque, en efecto, el gatito se frotaba contra la pierna desnuda de Pelle, como si le quisiera acariciar.

—Miau... miau... miau...— repetía a intervalos el animal.

—Para mí — dijo Pelle, muy decidido, y luego lo cogió con gran cuidado —. Gatito, tú serás mío, y te llamarás "Garras de Tigre".

Y este otro para mí — decidió Kaja, cogiendo del pesebre uno de los grises —. ¡Qué mono es! Parece de plata y tiene la nariz color de rosa. Ya sé cómo le llamaré: "Naricita Rosa".

"Garras de Tigre" se resistía y alargaba las patas.

—Es tan salvaje como un tigre de verdad — comentó Pelle mientras intentaba librar de sus uñas el jersey. Cuando Kaja le enseñó el modo de coger un gato, el animalito se sosegó.

Después se fueron con "Garras de Tigre" y "Naricita Rosa" para enseñárselos a la abuela y decirle que habían sido los elegidos. La abuela miró un poco sorprendida a "Garras de Tigre", pero afirmó que habían elegido bien y que los nombres no estaban mal tampoco. Comentó que "Garras de Tigre" sería un gran cazador, cosa que se veía por el color de su pelo. A continuación permitió a los niños que dieran a sus amigos un platito de nata en el jardín.

La gata madre vino a ver si sus hijos estaban bien. Les dijo algo en lenguaje gatuno y luego regresó al establo. Concluida la comida, Kaja y Pelle se pusieron a jugar con sus gatitos; ataron un corcho al extremo de un cordón, y los animalitos corrían tras él sobre la yerba.

Kaja no pensaba más que en "Naricita Rosa". Jugó con él hasta que se quedó dormido en su falda. Después le daba pena despertarlo. En cambio, "Garras de Tigre" volvió pronto al establo, por lo cual Pelle tomó la resolución de explorar la granja.

La perrera de "Lubbe" se encontraba a un lado del establo, pero a "Lubbe" no lo ataban, como hacían en Söderasen con todos los perros guardianes. Según Folke, los que amarraban sus perros tendrían que quedarse al aire libre una noche de invierno para ver si les gustaba. Por consiguiente, "Lubbe" corría suelto día y noche. La abuela decía que era de confianza y que no hacía daño a nadie, menos a los zorros cuando intentaban entrar en los gallineros. Durante el invierno vivía en los establos, y la perrera era algo así como su casa de verano, que compartía con "Amelie". Cuando Pelle pasó por allí, la vieja oca salió de la perrera para asegurarse que no tocaría a "Lubbe", que en aquellos momentos dormía en la yerba.

Pelle llegó hasta un ángulo de la casa, y al oír golpes de hacha hacia la parte posterior, se encaminó allá creyendo que estaría Folke. Pero resultó ser un viejo leñador. En lugar de chaqueta, llevaba un gran chaleco guateado, y se cubría con una gorra de visera. Sus cejas eran muy espesas; parecían dos bigotes. Daba la impresión de tener mal genio.

—¡Ah! Aquí viene el de Estocolmo — dijo como respuesta al saludo de Pelle.

—¿Qué hace usted?

—Cortar leña. Bien claro se ve — respondió, un tanto molesto.

—¿Para la abuela?

—Naturalmente.

—¿Vive usted también en Stubbagarden?

—En una casita que hay allá — contestó el viejo, indicándola con el codo.

Pelle divisó la casa por entre unos árboles frutales, al otro lado de la tapia.

—¿Qué tal tu padre en Estocolmo?

—Muy bien, pero mamá está enferma.

—Todas las mujeres tienen enfermedades.

—Yo me llamo Pelle. ¿Y usted?

—¿A ti que te importa?—replicó el viejo, poniendo un nuevo tronco en el tajo.

Pelle lo miró sorprendido. No comprendía por qué le contestaba así.

—¿Está usted enfadado conmigo?

El viejo ya había levantado su hacha, pero la bajó otra vez y, mirando a Pelle, le dijo:

—Vosotros, los rapaces, tenéis la manía de estar siempre con preguntas. ¿Enfadado? ¿Por qué he de estar enfadado? Pero no estoy tampoco para sonrisas. Soy demasiado viejo, y más vale dejarme en paz. Porque te advierto que no me gustan nada los chicos. No los puedo ver ¿Me oyes? Y si quieres saberlo, mi nombre es Ola Gädda.

Y a continuación descargó un hachazo tan fuerte sobre el tronco, que los pedazos saltaron a distancia.

—¡Qué bien corta usted! —exclamó Pelle, admirado—. Cuando yo sea mayor compraré un hacha muy afilada y también cortaré troncos.

—¡Bah! ¿Qué harías tú con un hacha? Tú no serás leñador. Serás un señor, como tu padre, sentado todo el día en su despacho.

—Yo seré bombero. Conduciré un coche rojo y echaré agua en los incendios con una manga muy larga. Pero cuando no haya incendios, podré cortar leña.

—¡Ya, ya, ya! Pero lárgate en seguida si no quieres ver un tronco de estos en tu cabeza. Vete a dar la lata a Folke. Está allá con el tractor —y señaló otra vez con el codo.

—Bueno. Entonces, adiós.

Y Pelle, muy cortésmente, hizo una inclinación de cabeza y ofreció su mano al viejo. Las pobladas cejas del leñador subieron unos centímetros. Puso los ojos en la blanca y menuda mano del pequeño y luego en su simpática sonrisa. Después limpió su enorme "garra" en los pantalones y cogió la mano de Pelle, con mucho cuidado como si fuera de cristal.

—Adiós — murmuró.

Pelle marchó corriendo y el viejo lo siguió un rato con la mirada. Después se agachó para coger otro tronco.

VI

EL CANTO DEL CUCLILLO Y EL BAÑO EN EL ARROYO

Pelle no tardó en encontrar a Folke. Estaba con la camisa desabrochada y la frente llena de sudor, y recibió al pequeño con estas palabras:

—Os había prometido ir a la hoz. Ahora me vendría muy bien para refrescarme un poco.

Fueron en busca de Kaja, que al principio se resistía a dejar su gatito, pero cuando supo que era para bañarse, lo colocó en el pesebre junto a su madre y hermanos y se fue de prisa a por su traje de baño. Mientras tanto, Pelle bajó a la bodega y volvió con una botella de zumo de zarzamoras. La abuela, por su parte, cortaba unos panecillos y los rellenaba de miel. Después los puso en un cestito, dio éste a Pelle y dijo:

—Un tentempié para dos hombres hambrientos y una niña flaca.

"Dos hombres hambrientos". Eso está bien, pensó Pelle, enderezándose. Del cestillo salía un olor muy agradable.

Descendieron por un sendero que conducía al arroyo.

Éste corría a lo largo de la hoz, de vertientes muy inclinadas y donde las hayas y los avellanos formaban tal espesura que a veces, sumergidos en una misteriosa penumbra verde, tenían que apartar las hojas para abrirse paso. Los botones de oro, las cardaminas y los nomeolvides brillaban en la yerba, cubierta acá y allá de musgo y manchas de sol. Se oía el suave y fresco murmullo del arroyo.

—¡Calla! —dijo Kaja, parándose de pronto—. ¿Qué es eso?

—¡Cucú-cucú! —se oyó.

—Un cuclillo —informó Folke—. El cuclillo viene del Este y anuncia que las tristezas han concluido. Vamos a ver si nos adivina el porvenir.

Y cuando el cuclillo hubo callado, Folke le dirigió la antigua canción:

Cuclillo, cuclillo,
la verdad te pido:
¿cuánto tiempo he de esperar
para poderme casar?

Escucharon. Hubo un silencio. Después se oyó de nuevo la voz del ave, que repitió su palabra siete veces.

—¡Siete veces! —comentó Folke—. En fin, aún estaré muchos años sin mujer. Pero no importa. Cuando se aguarda una cosa buena, vale la pena de esperar mucho tiempo. Ahora tienes que preguntar tú, Kaja.

Kaja vacilaba, pero se animó al fin y repitió la canción. Y otra vez el cuclillo dijo su palabra siete veces.

—También tú tendrás que esperar siete años. ¡A lo mejor serás mi mujer! —dijo Folke en broma.

—No, gracias — protestó Kaja, frunciendo las cejas —. Yo no me casaré con un hombre que mata animales. He visto tus escopetas.

—¡Ah! Por eso eres tan reservada conmigo. Me extrañaba.

Luego, dirigiéndose a Pelle, añadió:

—¿Y tú no preguntarás al cuclillo?

Pelle se negó, pero el cuclillo repetía sin cesar mientras continuaban su camino hacia el agua:

—Cucú-cucú-cucú...

Poco después, Folke hacía alto y anunciaba:

—Ya hemos llegado. Aquí está el Hallabäcken.

Los sauces mojaban sus ramas en las relucientes y verdes aguas. En el fondo de ellas se veía la blanca arena. Folke les había señalado aquella parte como la más a propósito para bañarse. El arroyo era allí más ancho y formaba una pequeña cala. Se veía una línea de piedras.

—Aquí estaréis bien, pero no olvidéis que junto a aquellas piedras hay barro y que más allá hay hoyos y honduras donde os cubriría el agua. Tendréis que estar siempre más acá de las piedras. ¿Me lo prometéis?

Lo prometieron los dos, aunque Kaja sabía nadar, porque siempre es fácil prometer. Lo que a veces no es tan fácil es cumplir lo prometido, pero esta vez lo hicieron. Al entrar en el agua notaron un frío extraordinario. Todos los veranos ocurre igual al bañarse por primera vez. Por otra parte, el agua corriente no suele calentarse mucho. A causa de esto o de aquello, Kaja y Pelle no tardaron en salir. Folke, en cambio, disfrutó de su baño sin importarle mucho la temperatura.

—Yo no noto frío porque estoy muy gordo—decía—. Si comierais tanto como yo, no estaríais dando diente con diente.

Después se sentaron entre los nomeolvides, devoraron los panecillos untados de miel y bebieron el zumo de zarzamoras. Estaba delicioso. Mientras tanto, el sol les calentaba las espaldas, los pájaros cantaban en los avellanos y los pececitos nadaban en el arroyo. Al rumor cantarín del agua se unía de vez en cuando la graciosa voz del cuclillo.

Antes de marcharse, Folke cortó para los niños dos palos de avellano, y con su navaja les grabó de arriba

abajo una línea en espiral, con lo cual la corteza presentaba una sucesión alterna de rayas blancas y oscuras. Y emprendieron la vuelta a casa, Pelle a horcajadas en los hombros de Folke y Kaja cogiendo flores para ofrecer un ramillete a la abuela.

—¿Verdad que la hoz es un sitio muy bonito?—preguntó Folke.

Respondieron a un tiempo que era precioso, y luego Pelle, desde los hombros de Folke, preguntó:

—Oye, Folke: ¿por qué no le gustan los niños a Ola Gädda.

—¡Ah! ¿De manera que ya conoces al viejo? Te mandó a paseo, ¿verdad?

—No. ¿Pero por qué no le gustan los niños?

—Pues porque cree que ha tenido mala suerte con su propio hijo. Pero no te preocupes. No es malo. Es un poco terco y raro.

A Pelle le habría gustado saber algo más del viejo. No lo consiguió.

—¡Vaya!—dijo la abuela muy contenta cuando los

vio llegar para comer —. Ya empezáis a tener un poco más de color en esas caras paliduchas.

También se alegró mucho del apetito que traían. El "pudding" de macarrones y la compota desaparecieron como por encanto.

Después de comer, Kaja y Pelle se encaminaron al establo a jugar con los gatitos, y permitieron que los terneros les chuparan los dedos, cosa que les gustaba mucho, según decía Folke. Al poco rato llegó la hora de dar la comida a "Lubbe" y a "Amelie", y fue curioso que la oca no les dirigiera ni un solo graznido de protesta, a pesar de que se sentaron al lado de ella y del perro. "Amelie" engullía con avidez su ración de avena, y si se enfadaba era solamente con las gallinas, que intentaban picotear en su comida y a quienes ahuyentaba con aire despectivo, como si se considerara muy superior a ellas.

Más tarde fueron a ver ordeñar las vacas con un aparato, y concluido esto, Kaja decidió plantar sus diecisiete cebollas de tulipán en el arriate que corría a lo largo de la pared oriental de la casa. Folke la ayudó, y también intentaron hacerlo "Naricita Rosa" y "Garras de Tigre", que arañaban con gran energía la tierra, aunque, como Folke dijo, era evidente que nunca serían buenos jardineros.

Entre unas cosas y otras llegó la hora de la cena, que consistió en leche cuajada, con azúcar y canela, y bocadillos de salchicha y queso. Estaba todo riquísimo.

Por último había que disponerse a ir a la cama porque el sol ya se había puesto y Pelle bostezaba, pero en aquel preciso momento, el ruiseñor empezó a cantar en el arroyo. Lo hacía tan maravillosamente, que la abuela y Dela escuchaban con las manos cruzadas, igual que si estuvieran en la iglesia. Y como el canto proseguía, salieron todos y se acomodaron en los asientos del jardín, hechos de gruesos troncos de roble, y allí estuvieron largo rato mientras oscurecía el crepúsculo. Nadie hablaba, para escuchar mejor.

—Cantaste bien la canción del cuclillo, Kaja —dijo Folke cuando, ya de noche, entraban en casa—, pero nunca cantarás tan bien como el ruiseñor.

Y la pálida luna de junio asomó por encima del bosque, iluminando con su serena luz Stubbagarden, su gente y sus animales.

La abuela se fue en seguida a la cama, después de dar las buenas noches a "Julito" y de extender sobre su jaula una manta oscura. Folke, entre bostezos, escuchaba, al desnudarse, el parte meteorológico que transmitía la radio. Dela daba vueltas en la cama y pensaba, medio dormida, dónde podría encontrar un figurín con un bonito vestido para una niña de once años. Y arriba, en la buhardilla, Pelle dormía apaciblemente, con su perrito de trapo cogido en un brazo y el león en el otro.

Kaja estaba todavía despierta con el pensamiento puesto en "Naricita Rosa". Suspiró feliz y decidió escribir al día siguiente a Gertrud para contarle todas las maravillas de Söredasen. Con muchísimo sueño ya, abriendo y cerrando los ojos y a punto de dormirse, contempló la rosa de seda que ahora, a la luz de la luna, parecía auténtica. Si tan sólo supiera Gertrud...; pero antes de concluir su pensamiento quedó dormida.

Fuera de la casa, a la entrada de la perrera, "Amelie" dormía de pie, con la cabeza debajo del ala; "Lubbe", el perro guardián, dormía dentro, con un ojo abierto y las orejas tiesas.

En el establo dormían también los gatitos y los terneros. Las gatas, en cambio, salían a su cacería nocturna. Las vacas y los bueyes rumiaban en los prados. Y desde lo profundo de la hoz subía el canto del ruiseñor, unido al fresco murmullo del arroyo.

VII

LOS HIJOS DEL LADRÓN

PASABAN los días, iguales y felices para los niños del norte. Las fresas maduraban en las colinas de Stubbagarden y los niños las recogían.

Dela había hecho, no uno, sino tres vestidos de verano para Kaja: uno a cuadros rojos, otro de rayas azules y un tercero amarillo con lunares negros. Con ello, Kaja se transformó en una niña mucho más guapa.

Pelle pensaba a veces en su madre, bastantes veces, pero no estaba tan preocupado como antes. Confiaba en el médico. Seguro que mamá se pondría bien. Sin embargo había momentos en que perdía aquella confianza y pensaba que lo estaban engañando. Entonces se sentía nuevamente desgraciado, perdía el apetito y se ponía un poco pesado. Pero esto era cada vez menos frecuente. De todos modos ya se había puesto de acuerdo con la abuela acerca del *spettecake*. La abuela le haría un *spettecake* especial cuando mamá estuviera completamente curada y decidieran el regreso. Claro que la operación que iban a hacerle requería cierto tiempo, por lo cual no había prisa. La abuela confesó a Pelle que en cierto modo estaba contenta de esta circunstancia porque les permitiría disfrutar algo más de su compañía. Y terminó diciendo:

—Yo creo que no habrá que pensar en el *spettecake* del médico hasta que estén maduros los arándanos y podamos hacer con ellos la mermelada.

Los pardos y clarividentes ojos de la abuela y su voz resuelta daban a Pelle seguridad y consuelo. Una sola mirada era suficiente para hacerle comprender que algo estaba bien hecho o que era, por el contrario, una tontería. Tanto los animales como las personas confiaban en seguida en ella.

Entre unas cosas y otras, Pelle estaba siempre entretenido. Era difícil aburrirse en Stubbagarden, donde nunca faltaba algo que hacer.

Folke dedicó unos días a la recolección de las patatas. Se había retrasado la primavera y no había sido posible hacerlo antes. La abuela y Dela estaban también muy atareadas. Por todo ello, los niños tuvieron que participar en los trabajos de la casa. Ayudaban a fregar los platos y a poner la mesa, hacían recados, limpiaban la jaula del loro y daban la comida a las aves, como llamaba la abuela a las gallinas y a las ocas.

Kaja dedicaba todos los días un rato a "Julio" para enseñarle palabras nuevas. Llevaba con mucho misterio estas lecciones y decía que "Julio" se negaba a aprender.

—No te desanimes —insistía la abuela—. Hay que tener paciencia. Cuando menos lo pienses te encontrarás con que de pronto lo repite todo.

Un día la abuela mandó a Kaja y a Pelle al pueblo para que compraran unas cosas. Habían estado otras ve-

ces y lo conocían bien. Al llegar cerca de la tienda de comestibles vieron a la puerta un grupo de niños que reían y silbaban alrededor de alguien. Se aproximaron más y resultó que era una niña con una bicicleta muy vieja y oxidada. La niña miraba con enfado y temor a los que la rodeaban.

—¡Ladrona! ¡Ladrona! —gritaban una y otra vez, tratando de quitarle la bicicleta.

—¿La ha robado? —preguntó Kaja.

—Ya lo creo. Si no, ¿de dónde la iba a sacar? —contestó uno de los chicos, un mocete delgaducho que llevaba un cigarrillo colgado de la boca.

—¡Mientes, William Nilsson! —protestó la niña—. Oskar Persson se la dio a Stig por arrancarle las patatas. La tenía arrinconada por inútil.

—Ese es el cuento que te contó a ti —repuso William, tras lanzarle el humo del cigarrillo a la cara.

—¡Bestias! Me gustaría escupiros a todos —gritó la niña, pateando furiosamente el suelo.

—¡Oh! ¡Dice que nos va a escupir! —exclamaron a coro las niñas del grupo.

—Ya sabemos que los de Klovatorp sois mala gente —dijo una de las niñas con aire sentencioso—. Tu papá robaba, Ellen; todo el mundo lo sabe.

—¡Vosotros sí que sois mala gente! —replicó, indignada, la niña de la bicicleta—. Sois unos bandidos, los más malos de toda esta tierra. Y tú, William Nilsson, tú eres el peor de todos.

Entonces William agarró la bicicleta y advirtió, amenazador:

—¡Cuidado con lo que dices, ladronzuela!

—¡Suelta la bicicleta! ¡Déjame! ¡Ya verás cuando venga Stig! —y se agachó para coger una piedra.

—¡Oh! ¡Ahora nos va a tirar piedras! —exclamó toda la chiquillería.

En esto se abrió la puerta de la tienda y alguien murmuró:

—¡Ojo! ¡Que viene el ladrón!

Con lo cual desaparecieron todos como por encanto. William Nilsson se fue tan aprisa que se le cayó el cigarrillo.

Un chico alto, fuerte, rubio salía de la tienda con un cesto al brazo. Miró con cara de pocos amigos a los que huían y preguntó:

—¿Qué? ¿Te estaban insultando?

—No. Me molestaron un poco. Querían quitarme la bicicleta.

—¿Aquellos dos también? — volvió a preguntar, mirando de medio lado a Kaja y Pelle.

—No — respondió la niña con indiferencia —. Aquéllos son nuevos. Aún no han empezado.

El chico puso el cesto en la parte posterior de la bicicleta, colocó a la niña delante, en la barra, y desaparecieron por una esquina con mucho ruido de metales viejos.

—¡Qué susto! — exclamó Kaja —. Nunca había visto ladrones. ¿Y tú?

—Yo tampoco, pero no lo parecían, ¿verdad?

—¿Qué habrá hecho el padre? Algo terrible, seguramente. Más vale no tener padre, como yo. De todos modos, ¡hay que ver cómo se metían con la niña! Era muy pequeña.

—Sí, pero quería tirarles piedras.

—Es verdad. No parecía muy simpática.

A continuación entraron en la tienda y pidieron todo lo que la abuela había puesto en la lista. El dueño les dio caramelos y les hizo mil preguntas: si les gustaba Söderasen, si era cierto que una de las vacas de la abuela había tenido dos terneros... Se entretuvieron tanto que acabaron por olvidarse de la pelea anterior.

Tal vez no hubieran vuelto a acordarse de ella a no ser por lo ocurrido unas semanas después. Era temprano, acababan de levantarse y oyeron ladrar a "Lubbe". Como insisticra tanto en sus ladridos, dijo la abuela a Kaja y a Pelle:

—Debe de haber forasteros. Id a ver y sujetad a "Lubbe".

Cuando salieron vieron que había un chico y una chica a la puerta del jardín. "Lubbe" daba saltos y ladridos, y "Amelie" llegaba con el grotesco andar de sus pies planos para proteger a "Lubbe" y a la casa.

Inmediatamente Kaja cogió a Pelle por el brazo y le dijo en voz baja:

—¡Mira! Son los niños del ladrón. ¿Qué querrán aquí?

—Vete tú a peguntar — contestó Pelle. Y mientras Kaja se dirigía a la puerta, avanzaba escondido tras ella.

—¡Cállate, "Lubbe". ¡Échate! — ordenó Kaja al perro, cogiéndolo por el collar —. Buenos días. ¿Qué queréis?

—Ver a Folke Bengtsson—contestó el chico rubio con voz áspera.

—Pasad, entonces. "Lubbe" no os hará nada.

Y Kaja hizo retirarse a "Lubbe" y a "Amelie", a la cual, como es sabido, no le gustaba poco ni mucho que cogieran a su compañero, por lo cual intentó dar un picotazo a Kaja. El chico iba a abrir la puerta, pero la niña le detuvo haciendo pucheros y a punto de llorar. Entonces el chico dijo:

—Tiene miedo al perro. Esperaremos aquí.

Pelle corrió hacia la abuela y le soltó casi sin aliento:

—El ladrón y la ladrona quieren hablar con Folke.

La abuela, que estaba junto al fuego, se volvió rápidamente:

—¿Qué dices? ¿De quién hablas con esas palabras tan feas?

—Así les llamaban William Nilsson y los otros chicos.

—Pues es muy malo y muy tonto ese William Nilsson, si dice eso. Y tú no tienes que hacer caso ninguno de tales palabras. Ya le diré yo unas cuantas cosas a William Nilsson.

—¿Cómo se llaman entonces?

—Si hablas de los niños de Klovatorp, sus nombres son Stig y Ellen, si mal no recuerdo. Y que yo sepa, nunca han hecho nada malo. Folke está dando el pienso a los animales y volverá pronto. Mientras tanto, que vengan aquí los niños a tomar un poco de café.

Pelle corrió con el recado.

—La abuela quiere que Stig y Ellen pasen a tomar café.

Pero se resistieron a entrar hasta que la misma abuela

salió a invitarlos. Y no aceptaron el café; decían que muchas gracias, que no tenían hambre ni sed, que ya habían desayunado... La abuela preguntó:

—¿Cómo está vuestra madre? ¿Se le curó el brazo?

—¡Oh, no! Tiene los dedos tiesos y no puede hacer nada, pero Stig y yo... —empezó a explicar la niña.

—¡Cállate! — la interrumpió Stig al mismo tiempo que le daba con el codo—. Tienes mucho pico y no sabes callar cuando hablan los mayores.

—¡Me preguntaron...! — masculló Ellen.

—Dadle mis recuerdos y decidle que iré a verla en cuanto pueda — encargó la abuela.

El muchacho se enderezó y dijo que no era necesario, que podían arreglarse solos.

Y en esto llegó Folke.

—¡Ah, eres tú! ¡Muy bien! — exclamó —. Pensaba mandarte un recado a Klovatorp. Te necesito para ayudarme a cavar. Después segaremos el heno. Hoy mismo puedes empezar si quieres.

La cara de Stig se iluminó. Con sólo mirar a Folke había perdido su gesto de persona enfadada.

—Primero iré a casa para avisar a mi madre — dijo Stig.

—Además puedes dormir aquí, en el cuarto de los arreos — añadió Folke —. De este modo no tendrás que ir y venir todos los días.

—Tengo la "bici" — pretextó con orgullo.

Pero no había duda de que aceptaba la proposición. Y así, decidieron que llevara a su hermana a casa y volviera con las cosas que podria necesitar. A fin de aprovechar el viaje, la abuela les dio un frasco de linimento y un paquete de algodón para el brazo de la madre, y además una bolsa de pan acabado de hacer. Al darles esto último, la abuela dijo que le gustaría saber qué opinaba su madre de aquel pan, pues conocía su fama de excelente panadera.

—Su pan de canela es famoso. Preguntadle por qué no sale bien el mío. No estoy enteramente satisfecha de él. Tal vez pongo demasiada canela, o poco azúcar. En fin, preguntádselo.

—Mamá — protestó Folke cuando se fueron los chicos de Klovatorp —. Nunca he oído decir que tu pan de canela es malo.

—Siempre es bueno conocer la opinión de los demás — sonrió la abuela —. Y has de saber que la madre de estos niños era panadera en Astorp, antes de trasladarse aquí el otoño último.

—¿Y su papá dónde está? — preguntó Pelle.

—¡Ah...! — suspiró la abuela —. Lo que os recomiendo es que seáis muy amables con Stig mientras esté con nosotros. ¿Entendido, niños?

—¿Qué dirá Ola Gädda? — dijo Folke.

—Que diga lo que quiera. Al final cambiará de modo de pensar y será bueno para él — respondió la abuela.

—¿Te parece? El viejo es muy terco y cerrado de mollera — repuso Folke, moviendo la cabeza.

A mediodía, Stig apareció de nuevo. Venía sudoroso y colorado, con los zuecos colgados de un hombro y un cesto azul en el portapaquetes de la bicicleta. Se fue con sus cosas al cuarto de los arreos y apareció en seguida. La abuela, sentada a la puerta de la cocina, pelaba patatas. Se acercó a ella y le dijo:

—Mi madre le da las gracias por el linimento, y dice

que tal vez podría poner algo menos de mantequilla en el pan, que por lo demás es muy bueno.

Dicho esto, se fue con sus zuecos en busca de Folke, sin mirar siquiera a los niños, que habían pensado ser muy amables con él; no tenía tiempo para charlas. Ahora era verdaderamente un hombre metido en su trabajo. Su lugar estaba al lado de Folke, que era también un hombre. El otro hombre de la casa, Pelle, comprendió al cabo de un rato que estaba de más en compañía de ellos y volvió hacia la casa. En cuanto a Ola Gädda, que afilaba su hacha junto al establo de las vacas, alzó la vista para mirar a Stig y a Folke y, haciendo visera con la mano para evitar el sol, comentó:

—¡Vaya! Parece que hay forasteros. Tendremos que cerrar las puertas y guardar nuestras cositas.

—¿Qué cositas? —preguntó Pelle—. ¿Tiene animales en su casa?

—¿Animales? Arañas en el techo y moscas en las ventanas. Esos son los animales que tengo yo.

—¡Pobre! Yo, en cambio, tengo un gato de verdad. Se llama "Garras de Tigre". ¿Me dejará dar vueltas a la rueda de afilar? Si me deja, yo le dejaré jugar alguna vez con mi gato.

—¿Qué necesidad tengo yo de tu gato? —gruñó el viejo, algo distraído, porque lo que le interesaba ahora era ver lo que hacían los que estaban en el prado—. Parece que aquel bribonzuelo trabaja ya como un hombre —murmuró con pesar.

Consintió Ola Gädda en que Pelle diera unas vueltas a la rueda. Asido al volante con las dos manos, se sentía muy feliz metido en aquel quehacer de hombres.

—En cuanto tome su leche, le traeré a "Garras de Tigre" — prometió de nuevo.

El viejo probó el filo del hacha y advirtió a Pelle que no llevara ningún gato, porque los gatos eran tan malos como las personas. Se les podía soportar cuando eran muy pequeños, pero después no servían más que para molestar.

—No tendrían que nacer ni gatos ni niños.

Y dicho esto dio la espalda al niño.

Pelle volvió triste a casa. A él le gustaba Ola Gädda y quería ser su amigo, pero ¿qué se podía hacer con un hombre a quien ni siquiera toleraba ni le gustaban los gatos?

A la hora de la cena, Stig se sentó al lado de Folke y no habló una sola palabra. La abuela le sirvió, lo mismo que a Pelle y a Kaja. Comía con apetito, pero apenas alzaba los ojos del plato. Al levantarse de la mesa dio en voz baja las gracias a la abuela.

—¿Quieres venir un rato al arroyo con Pelle y conmigo? — le preguntó Kaja tímidamente.

Rehusó con un movimiento de cabeza y luego se encaminó por el patio al cuarto de los arreos, de donde no salió en el resto de la tarde.

Y así continuó en los días sucesivos. Después de la cena se encerraba en el cuarto y ya no salía hasta regresar con la bicicleta a su casa, de donde volvía a la mañana siguiente.

—Trabaja mucho y necesita descansar. Dejadlo tranquilo si no busca compañía — dijo Folke.

El calor del verano aumentaba y los niños iban menos a los prados. Preferían quedarse a la sombra de la hoz y bañarse o jugar con los barquitos de papel. Dela se los había enseñado a hacer a Kaja. Tenían ya una gran flota y los lanzaban arroyo abajo en emocionantes carreras.

A veces les acompañaba Folke y se metía en el agua para hacer cosquillas a las truchas ocultas en las piedras. Las cogía por las agallas y las arrojaba a la orilla. La abuela se ponía muy contenta si veía aparecer a Folke con alguna.

Y cuando al florecer el trébol, los prados se impregnaban de su dulce olor y las abejas y los abejorros se mostraban más atareados llegó el momento de segar el heno en Söderasen. Los dos caballos de Stubbagarden habían pasado muchos meses ociosos en el prado. Como había un tractor, los usaban sólo en invierno para arrastrar troncos. Pero ahora, en la recogida del heno, no les faltaría quehacer. Folke precisaría de ellos.

Toda la gente de la granja, incluso la abuela y Dela, participaba en aquella faena. Ola Gädda dejó también su hacha y tomó un rastrillo. Él y Stig trabajaban juntos, pero sin decirse una palabra.

A Pelle y a Kaja les encantaba aquel trabajo, sobre todo cuando les permitían subir a los carros cargados o saltar por el heno amontonado en el pajar. A la hora de comer se presentaban con los cabellos enmarañados de heno, pero nadie tenía tiempo en aquellos días para observar tales menudencias. Los dos estaban tostados por el sol y con un apetito tremendo. Folke adelgazó un poco por el calor, pero en cambio las mejillas de los niños aparecían más llenas.

VIII

UNA NOCHE EN EL PAJAR

UNA mañana, poco después de la llegada de Stig, dijo la abuela, muy pensativa, mientras desayunaban:

—No sé lo que les pasa a las gallinas. Han dejado de poner; precisamente ahora, en pleno verano. Ayer sólo había cuatro huevos, y hoy seis. Comed la tortilla, hijos, porque si las cosas siguen así no podréis hacerlo mucho tiempo más.

Las tortillas de la abuela eran riquísimas. Las hacía con una sartén enorme en la cocina de carbón. Eran de un amarillo brillante, jugosas y con trocitos de tocino en el interior. Al hacerlas, agitaba la sartén y removía la mezcla con un cuchillo muy flexible. Mientras tanto, a los niños se les hacía la boca agua por el rico olor que despedían. Pero llevaban muchos huevos, y si las gallinas dejaban de poner, se acabarían las tortillas. Y, claro está, pensaba Pelle, ni hablar del *spettecake*.

—No, no puede ser —dijo la abuela dos días más tarde—. Me parece que las gallinas están poniendo en algún sitio escondido. Hoy, de veinticuatro aves, sólo he reco-

gido cuatro huevos. Tendréis que registrar el pajar, niños; a lo mejor se meten allí, entre el heno.

Ola Gädda, que venía a buscar su ración diaria de leche, la oyó decir esto. Entonces miró fijamente a la abuela y con voz tenebrosa comentó:

—¡Ah! ¿De manera que ya ha empezado?

—¿Qué quieres decir con eso?—preguntó la abuela, sorprendida.

—¿Vuelan los huevos, eh? ¡Qué raro!, ¿verdad? ¿No habrá ladrones por aquí?

—¡Qué tonterías dices!—replicó la abuela con impaciencia.

—Bueno, pues yo no quiero saber nada de todo esto. ¿Entendido?

Se fue Ola Gädda, y Kaja dio con el codo a Pelle; lo llevó a un rincón y le dijo:

—¿Qué quería decir el viejo? ¿Tú crees que pensaba en Stig?

—Me parece que sí, pero es porque no puede ver a los chicos. ¿Qué iba a hacer Stig con tantos huevos?

—Llevarlos a su casa, a Klovatorp. La abuela dice que vive muy mal allí. Sin embargo, yo no creo que sea él.

—Yo tampoco — asintió Pelle —. Ola Gädda es un viejo tonto.

—De todos modos, es raro que empezaran a faltar los huevos justamente al llegar Stig y cuando la abuela empezó a dejar abierta la puerta del gallinero por causa del calor. ¡Y el cesto, Pelle! Siempre va con el cesto en la bicicleta.

—¿Tú crees que roba los huevos y los lleva en el cesto?

—No lo sé — respondió Kaja, vacilante —. Pero no sería muy difícil hacerlo, y esto es lo que cree Ola Gädda. ¿Qué haremos? ¿Se lo diremos a la abuela, o a Folke?

—Pero sería terrible si no fuera verdad. No, yo sé lo que podemos hacer. Iremos en secreto al cuarto de los arreos y veremos si tiene huevos en el cesto — propuso Pelle.

—¡Eso, eso! Lo haremos cuando él esté fuera. Ahora podemos ir.

Se deslizaron por el establo y abrieron la puerta del cuarto de los arreos. Al principio no veían el cesto, pero al final lo encontraron debajo de la cama. Lo abrió Kaja en seguida, pero en lugar de huevos había dos grandes ovillos de lana gris y otra cosa más.

—¡Es punto de media! — exclamó Kaja con asombro —. ¡Calcetines gruesos de lana! ¡Y tiene uno terminado! ¿Qué hará con ellos?

—¡Guárdalo, que viene! — apremió Pelle.

Cuando apenas había escondido el cesto debajo de la

cama, se abrió la puerta; pero no era Stig, sino Ola Gädda. Los miró de modo raro y dijo con aspereza:

—¡De manera que vosotros estáis aquí buscando huevos!

—No..., no buscamos nada — respondió Kaja, y Pelle añadió:

—No hay huevos aquí; hay unos calcetines en el cesto.

—Yo no creo que Stig sea un ladrón — afirmó Kaja, aunque no estuviera muy convencida de lo que decía.

—A mí me daría mucha pena que fuera verdad — dijo Pelle —. Stig me gusta mucho.

—Su padre era un ladrón — confesó Ola Gädda, tristemente —. Y cuando un gato tiene manchas, los gatitos salen con rayas oscuras.

—No siempre — replicó Kaja —. "Mirran" tiene manchas y sin embargo uno de sus gatitos es negro y otro plateado.

—Pues entonces, vamos a ver, ¿quién ha cogido los huevos? ¿Dime? — preguntó el viejo.

—Nosotros descubriremos a los ladrones — afirmó Pelle, muy valiente.

Pero ¿cómo hacerlo? Se había registrado inútilmente el pajar y todos los sitios en que podían haber puesto las gallinas.

A la hora de comer volvió a hablarse del asunto, y Folke dijo:

—No es posible que los hayan robado.

Entonces Stig se puso muy colorado. La abuela se dio cuenta y lo miró pensativa. ¿Sería posible que fuera él?, debió de pensar.

—No — continuó Folke —. Si se tratara de algún forastero, "Lubbe" armaría un ruido tremendo. Ya encontraremos los huevos debajo de algún arbusto. Ya se sabe lo locas que son las gallinas. Kaja y Pelle, vosotros que tenéis tiempo, podéis vigilarlas y ver dónde ponen.

—Pero ¿no ponen de noche? —preguntó Kaja.

—De día y de noche —contestó la abuela. Pero lo dijo de un modo extraño, como si pensara en otra cosa.

Stig tenía delante su arenque frito, pero no comía. Todo encogido, daba la impresión de ser más pequeño de lo que era.

—Yo seré detective de gallinas —declaró Pelle—. Iré detrás de ellas y les quitaré los huevos en el momento en que los pongan.

—Muy bien —aceptó la abuela—, pero no me asustes mis pollitos. Os daré diez céntimos por cada huevo que encontréis.

La abuela retiró el plato de Stig, sin comentar el hecho de que apenas hubiera comido, y volvió a la mesa con ruibarbo cocido y nata. Al sentarse dijo:

—No sé si tendremos hoy una tormenta. El aire está muy pesado y "Lubbe" no tiene apetito. Siempre le ocurre lo mismo cuando va a tronar.

—Hay que acabar de recoger el heno —dijo Folke, levantándose.

Sí, efectivamente, la atmósfera estaba muy pesada. Por la noche, la gente dejaba abiertas puertas y ventanas y no lograba dormir. "Lubbe" jadeaba fuera de la perrera, y "Amelie" iba al estanque con las otras ocas. Las vacas se pasaban horas enteras metidas hasta la barriga en el arroyo. Una de aquellas agobiantes noches Folke durmió en la hamaca, debajo de los manzanos.

Durante el día, Pelle y Kaja no perdían de vista las

gallinas. Nada más ver que una se separaba de las otras, le seguían los pasos, pero siempre resultaba que iban a buscar gusanos o a darse un baño de tierra en el patio. Entraron en el gallinero y registraron los nidales, que las gallinas defendían sacudiendo las alas hasta desprender plumas. Salieron triunfantes con dos huevos y la abuela les dio diez céntimos a cada uno. Por la tarde encontraron otros tres huevos. Y fue todo por aquel día.

—¿Qué haremos? — preguntó Pelle a Kaja después de tan escaso éxito.

—Vigilaremos toda la noche. Podremos meternos en el pajar y mirar por las rendijas, y si vemos al ladrón avisaremos a Folke.

—¿Tú crees que la abuela nos dejará?

—Saldremos escondidos cuando esté dormida.

—Pero ¿y si el ladrón nos coge y nos pega? — insinuó Pelle —. Tendría que quedarse con nosotros una persona mayor. Tal vez Ola Gädda.

—¡Oh, no! Él está convencido de que el ladrón es Stig, y se reiría de nosotros. ¡Ya está! Llevaremos a Stig, que es muy fuerte y ningún ladrón se atrevería con él. ¡Vamos!

Había una escalera de mano justamente debajo de un hueco que hacía las veces de ventana en el cuarto de los arreos. Kaja subió y se asomó a él. Detrás lo hizo Pelle. La lámpara de petróleo estaba encendida y vieron a Stig echado en la estrecha cama. Le temblaban los hombros.

—¿Está llorando? — susurró Pelle.

—Sí. ¡Pobre Stig!

Al poco rato el muchacho se incorporó y, tras frotarse los ojos, sacó el cesto azul. Luego tomó el ovillo y las agujas y sentado al borde de la cama se puso a hacer punto.

La sorpresa de los niños fue tan grande que estuvieron a punto de caer de la escalera. ¡Un chico haciendo media! Y además con gran soltura, como si lo hubiera hecho toda su vida. Sus dedos volaban, las agujas resplandecían a la luz de la lámpara y la pelota de estambre daba vueltas sin cesar. Ni la abuela ni Dela ganaban a aquel muchacho de Klovatorp. Así, pues, aquello era lo que hacía todas las noches.

—¡Vamos! ¡Bajemos de aquí! — ordenó Kaja.

—¿No le vas a preguntar?

—Ahora no.

Pero antes de que pudieran bajar, Stig miró hacia arriba. Dio un salto, echó la lana debajo de la cama y se acercó al hueco, al tiempo que decía:

—¿Quién anda ahí?

Antes de que pudieran bajar, los alcanzó.

—Venís a espiarme, ¿verdad? — dijo con gran enfado.

—No, no es eso — respondió Pelle —. No te enfades con nosotros.

—Stig, amigo — añadió Kaja —. Venimos a pedirte que nos ayudes a buscar esta noche al ladrón.

—¿Cómo voy a creer eso? Yo soy el ladrón. Todos lo estáis pensando. Y si no, ¿por qué no llamasteis a la puerta en lugar de subir a la escalera?

—Porque es más divertido — confesó con franqueza Kaja —. Oye, escucha un momento. Queremos decirte una cosa.

—¡Anda, anda! ¿Qué voy a escuchar? ¿Qué es lo que visteis al subir con tanto secreto a esa ventana?

—Que estabas triste—respondió suavemente Kaja.

—¡Pues te equivocas!—protestó Stig, riendo, aunque bien se veía que era una risa falsa—. ¿No ves lo contento que estoy?

—Y también vimos que hacías media — intervino Pelle.

Al principio, Stig permaneció callado, pero de pronto dijo:

—Ahora lo iréis diciendo a todo Söderasen.

—Nosotros no somos acusicas—protestó Kaja, indignada.

—No, no lo somos— insistió Pelle.

—A nadie le importa eso—continuó Kaja—. Si te gusta, tú puedes hacer punto o lo que quieras.

—No me gusta —cortó con sequedad—. Bueno, ¿qué es lo que queréis decirme?

Y Kaja le explicó el proyecto que tenían de pasar la noche en el pajar para coger al ladrón. Después añadió:

—Seguro que viene de noche; de día, imposible, porque siempre hay alguien. Lo que ocurre es que tenemos miedo de que el ladrón nos pegue si estamos solos. Por eso queremos que nos acompañes.

Stig los miró con unos ojos muy abiertos.

—Sí; pero ya sabéis... Todo el mundo cree que soy yo quien coge los huevos.

—Nosotros no —afirmó Pelle.

—¿Estáis seguros?

—Seguros —contestaron los niños.

—Te daremos la mano mirándote a la cara —propuso Pelle.

Y así lo hicieron con gran solemnidad.

—Pues entonces, si os parece —dijo Stig en tono más amable— me quedaré con vosotros en el heno. También me gustaría saber qué pasa con los huevos.

Aquella noche no fue necesario que la abuela les recordara la hora de dormir. Se metieron en seguida en la cama y se cubrieron hasta la barbilla. ¿Cómo iba a sospechar la abuela cuando entró a darles las buenas noches que estaban tan vestidos como antes de acostarse?

Folke había ido al pueblo con "Lubbe" para que hiciera un poco de ejercicio. La abuela tenía sueño y se metió pronto en su cuarto. Desde arriba la oyeron dar cuerda al reloj, lavarse y hablar finalmente con "Julio". Por último, la casa quedó en silencio.

—¿Esperaremos hasta que venga Folke? —dijo Pelle.

—No. A lo mejor tarda mucho y podríamos dormirnos. Más vale ir ahora.

Bajaron la escalera de puntillas y salieron por la ventana del comedor. Podían haber salido por la puerta, que estaba abierta para que entrara el fresco, pero era mucho más emocionante hacerlo por la ventana. Se descolgaron entre las peonias y acónitos del macizo que corría a lo largo de la pared. Luego, como ratoncillos, fueron saltando por el patio en dirección al pajar. Con sus pies descalzos notaron que las piedras aún estaban calientes. "Amelie" despertó en la perrera y asomó la cabeza, pero los reconoció en seguida y volvió a meterla bajo el ala. Cuando entraron en el pajar, todavía no había llegado Stig.

—¿Se habrá olvidado de todo y estará durmiendo? — susurró Pelle.

—Ya vendrá — le tranquilizó Kaja.

Hicieron su nido en el heno, junto a la pared del gallinero. A través de las rendijas observaron un rato las gallinas. Algunas dormían ya en los palos, otras aún no habían abandonado los nidales. A un lado estaba la jaula de los pollitos, que de vez en cuando piaban.

La puerta del gallinero se componía de dos hojas superpuestas. Estaba abierta la de arriba, pero no la de abajo. Por consiguiente, con un perro guardián como "Lubbe" a pocos pasos de allí, no había peligro de que entrara un zoro o un tejón. Y no hablemos de la vigilancia de "Amelie".

El heno olía muy bien y crujía con suavidad al moverse en él. De vez en cuando corría un ratón por el piso del establo.

—Estoy deseando verlo — insistió Pelle, impaciente.

—¡Calla! ¿Qué es eso?

Oyeron cerrar la puerta del jardín. Después crujieron las piedras del sendero. Entró Folke en bicicleta y pasó "Lubbe" jadeando camino de la perrera. Después de guardar la bicicleta, Folke echó agua del pozo en el bebedero de "Lubbe". Se oyó al perro beber ruidosamente y a Folke entrar en casa. Poco después apareció Stig.

—Creíamos que no ibas a llegar—susurró Kaja—. Mira, te hemos preparado un nido junto a nosotros. Ya verás qué cómodo es.

—Y ahora, ¿crees que cogeremos al ladrón?—preguntó el muchacho, colocándose en su nido.

—Sí. Veremos si se mete alguien en el gallinero.

Permanecieron un rato en silencio. Pelle bostezaba, pero no quiso confesar que tenía sueño. Luego dijo riendo:

—¿Qué diría la abuela si supiera que estamos aquí?

Kaja le dio un pellizco y le ordenó que estuviese callado para que no los oyera el ladrón.

—A estas horas no vendrá ningún ladrón—dijo Stig—. No vendrá hasta estar seguro de que toda la gente durme.

—Entonces podremos hablar un poco, pero muy bajo—aprovechó Kaja—. Dime, Stig, ¿tú vas a la escuela? En invierno, quiero decir.

—Sí, iré otra vez el año que viene—pero no parecía mostrarse muy contento de ello.

—¿Qué vas a ser cuando seas mayor?—le preguntó Pelle—. Yo seré bombero.

—A mí me gusta el trabajo de la granja, pero me parece que tendré que ir al mar.

—¿Por qué?—indagó Kaja.

—Para huir de la gente tonta.

—Dinos, Stig, ¿por qué haces calcetines si no te gusta?

—Porque mi madre tiene mal un brazo y no puede hacerlos.

—¿Y para quién son?

—Se los damos al tendero para pagar lo que le debemos. Son muy buenos y abrigan mucho. El tendero los vende a otros comerciantes de Landskrona y Hälsingborg. La gente que trabaja fuera de su casa los usa con las botas de invierno. Y no soy yo solo quien los hace; tenemos en casa otros tres chicos que saben hacerlos.

—¿Cuántos hermanos tienes?

—Seis.

—¡Qué suerte! Yo no tengo ninguno —dijo Kaja.

—Tienes a Pelle —replicó Stig, sorprendido.

—No; nada más somos priii...primos segundos — bostezó Pelle —. ¿Y donde está tu padre?

—En el mar. Desde que nos dejó el otoño pasado en casa del abuelo, no hemos vuelto a saber nada de él.

—¿También tienes abuelo? — exclamó Kaja con envidia.

—Sí, y vosotros lo conocéis. Es Ola Gädda. Pero no quiere nada con nosotros porque riñó con mi padre. Cuando llegamos a Klovatorp se vino aquí.

—¡Ola Gädda! — repitieron los niños con asombro —. ¿Y es tu abuelo?

—Sí, pero le da vergüenza de ello. Abandonó su vaca y su cerdo y vino a vivir aquí, aunque Klovatorp es de él. Dijo...—pero Stig se detuvo sin concluir la frase.

—¿Qué dijo?

—Que había sido honrado toda la vida y que no quería vivir con una cuadrilla de ladrones.

—¡Qué barbaridad! — comentó Kaja, indignada —. ¿Y qué dijo tu padre?

—Dijo: "Agua pasada no mueve molino. Yo no tengo donde meterme con mi mujer y mis hijos, y como ella tiene mal el brazo y no puede seguir en la panadería, me iré al mar para ver si puedo ganar algún dinero y vivir luego todos juntos. Había pensado que estos pobres podrían quedar en su casa mientras tanto". Y el abuelo contestó que podíamos ir, pero que él se marcharía. Desde entonces no nos ha dicho una palabra, ni tampoco hemos sabido nada de papá. Pero ya estamos acostumbrados a esto. Una vez estuvo fuera dos años. Cuando mamá puede trabajar nos arreglamos bien, pero ahora también nos arreglaremos, ya lo veréis.

—Stig —preguntó Kaja con voz suave—. ¿Qué había hecho tu padre para que el abuelo se enfadara tanto con él?

—Cuando tenía dieciocho años robó una cosa en una granja de Magleröd—contestó Stig en voz muy baja.

—¿Qué cosa?

—Un anzuelo de cuchara.

—¿Y qué es eso?

—Una cosa que sirve para pescar. No valía mucho, pero robar es robar, y el abuelo no lo olvida, ni papá tampoco puede olvidar cómo le pegó el abuelo con una vara de roble cuando lo supo. Por eso se marchó y no volvió hasta el otoño pasado, cuando no tenía más remedio que volver.

—Me parece que Ola Gädda es muy malo.

—De todos modos es un poquito bueno—protestó Pelle, y dicho esto se quedó dormido.

Mientras dormía despertó varias veces. Primero, al hacerle cosquillas en una oreja una brizna de heno, después al sentir calambres en una pierna, más tarde al estornudar a causa del polvillo de semillas que entraba en su nariz. Pero la cuarta vez despertó sobresaltado: Stig acababa de pellizcarle un brazo y el gallo hacía oír su primer canto en el gallinero. La luz del día se anunciaba ya por las rendijas y las golondrinas empezaban a piar en el tejado.

—¡Silencio!—susurró Stig—. Se acerca el ladrón.

Él y Kaja estaban tendidos boca abajo, con la cara apretada contra las rendijas de las maderas. Pelle temblaba emocionado y aplicaba un ojo a uno de los agujeros. Le latía con gran fuerza el corazón y sentía un poco de

miedo. Advirtió que una cabeza oscura asomaba sobre la media puerta cerrada, pero los ojos, todavía no habituados a la luz, no le permitían ver quién era. Pugnaba por conseguirlo y oyó un fuerte suspiro de Kaja.

Finalmente vio que se trataba de "Lubbe", que tras dar un salto se acercaba a los nidales. Estuvo a punto de echarse a reír, pero Stig le apretó con fuerza un hombro para que guardara silencio. Entonces sucedió algo inesperado. "Lubbe" se alzó sobre las patas de atrás y metió la peluda cabeza en uno de los nidales. Después bajó rápidamente y se encaminó a la puerta. Llevaba una cosa blanca entre los dientes. De pronto, las gallinas despertaron y se pusieron a cacarear. Como un indio furtivo, el perro subió a la media puerta, se detuvo un instante en lo alto y luego saltó silenciosamente hacia el exterior.

Los niños se miraron asombrados. ¡"Lubbe"! ¡Era "Lubbe" el ladrón de huevos!

Stig se levantó diciendo:

—¡De prisa! Tenemos que ver dónde va.

Temblorosos, con la ropa arrugada y el pelo en desorden, salieron en seguida del heno y alcanzaron a ver el rabo del perro, que acababa de doblar una esquina, y al llegar a ella vieron cómo "Lubbe", con el huevo todavía en la boca, se encaminaba a unas matas de ortigas.

Sin detenerse a reflexionar en lo que pican las ortigas, los niños se lanzaron en medio de ellas. Y allí estaba el viejo comilón, "Lubbe", sorbiendo el huevo fresco. Al verse descubierto huyó avergonzado, pero relamiéndose el hocico. Debajo de las ortigas, el suelo aparecía lleno de cáscaras.

—¡Qué sinvergüenza! — exclamó Kaja sin salir de su asombro.

—¿Qué dirá la abuela? — añadió Pelle.

—Nadie querría estar ahora en la piel de "Lubbe" — comentó Stig.

Al correr hacia casa con el descubrimiento, les dolían horrores las picaduras de las ortigas, y tan presurosos iban que por poco se caen encima de "Amelie", que se dirigía al estanque a tomar su baño matinal. "Lubbe", escondido en la perrera, asomó tímidamente la cabeza al oírlos pasar.

No fue necesario que Kaja y Pelle despertaran a la abuela, porque a aquellas horas ya estaba en la cocina, vestida con su bata y con la trenza colgando sobre la espalda.

—¡Abuela! —gritó Pelle—. ¡Hemos encontrado al ladrón, abuela! ¡Oh, cómo me duelen las piernas!

—¡Jesús, niños! Qué susto me habéis dado! ¿Ya estáis levantados? ¿Qué es eso de un ladrón?

—El ladrón de los huevos —rió Kaja.

A continuación le explicaron todo en medio de grandes carcajadas, mientras la abuela les aliviaba el escozor de las ortigas con una loción. Las risas y el alboroto se repitieron al llegar Folke, que dijo:

—¡"Lubbe"! ¡Vaya pájaro! ¡Es el colmo!

—Se comprende que no tuviera apetito después de atracarse de huevos —comentó la abuela—. ¡El muy sinvergüenza! Una o dos veces me robó pasteles, y en una ocasión un paquete de *foie-gras*, y desde luego, siempre le han gustado mucho los huevos, pero nunca creí que llegara a meterse en el gallinero. ¿Qué le diremos, Folke?

Entonces Folke buscó un huevo y lo puso en el suelo ante "Lubbe". Después le dijo muy serio:

—Sí, "Lubbe", guapo. Los huevos son muy buenos, pero no son para ti. Y te advierto que no queremos ladrones en Stubbagarden. ¡Qué malo eres! ¡Qué vergüenza, "Lubbe"! No tengo más remedio que pegarte un poco para que no vuelvas a hacerlo.

A continuación, Folke rompió una varilla de mimbre y dio con ella unos golpecitos al perro, que aullaba de manera escandalosa, porque con la defensa de su grueso pelo mal podía notar aquel castigo tan suave. Sin duda que sus aullidos eran de vergüenza, pero a ellos acudió presurosa desde el estanque la fiel "Amelie", que dando

graznidos de cólera se arrojó a picotazos sobre Folke. Luego se plantó delante del acobardado "Lubbe" —batiendo las alas y esparciendo gotas de agua—, como si dijera a Folke: "¡Acércate si te atreves!" Todos se reían del valor de la vieja oca, y Kaja fue a buscarle una zanahoria, que era su golosina predilecta.

—¿Qué jaleo es este tan de mañana? —se oyó decir al viejo Ola Gädda, que acababa de aparecer.

—¡Que hemos encontrado al ladrón de huevos! —respondió Pelle.

Y a continuación le explicaron todo lo sucedido. Al principio, el viejo dudaba, pero cuando fue con todos a las matas de ortigas y vio el montón de cáscaras, dijo que sí, que había oído hablar de perros que robaban huevos, pero que nunca lo habría creído de "Lubbe", al que nunca faltaba comida.

Bajo la ventana del cuarto de los arreos, sentado en el escalón, Stig reía a la luz del sol. Nunca se le había visto tan feliz.

—Oiga — dijo Ola Gädda a Folke —. ¿Me dejará usted un rato a los muchachos para que me ayuden a amontonar la leña?

"Los muchachos", había dicho. Pelle dio un salto de alegría. Allí no había más que dos muchachos: él y Stig.

—Bueno — accedió Folke —. Pero a la tarde necesitaré otra vez a Stig.

—Después de esto, me parece que "Lubbe" no volverá al gallinero — comentó Kaja.

—Eso creo yo — asintió la abuela —, pero por si acaso, de ahora en adelante cerraremos el gallinero por la noche. ¿Cuántas veces habrá ido allá, a las ortigas?

A todo esto, Kaja había recorrido ya todos los nidos y había vuelto con once huevos, por lo que la abuela dijo:

—Haremos una tortilla para el desayuno. Y ahora entremos a tomar un poco de café. Después, vosotros, niños, os echaréis un poco, porque no creo que hayáis dormido mucho en el pajar.

—¡Oh! ¡Sí que dormimos! — protestó Kaja —. Y Pelle roncaba mucho.

La abuela cortó pan blanco y lo untó con miel y mantequilla. A Stig le dio dos rebanadas con doble ración de miel. Todos sabían por qué.

Aquel día, Pelle aprendió a amontonar la leña al estilo de Skane. El montón era alto y redondeado y terminaba en pico, como una especie de gran colmena. Era un arte especial y se sentía muy orgulloso de haberlo aprendido.

Ola Gädda apenas habló mientras amontonaban la leña. Únicamente al principio se le oyó decir: "Habrá bastante para hacer tres montones, lo suficiente para todo el invierno". Tampoco Stig dijo nada. Por la tarde, cuando Folke vino a buscarlo, el viejo pronunció estas palabras:

—Gracias por haberme dejado al chico; ha trabajado bien.

Y al irse el muchacho con Folke, Pelle dijo al viejo:

—Stig es muy listo. Sabe hacer calcetines de lana.

Ola Gädda se resistía a creerlo y Pelle insistió explicándole todo lo de las tiendas y de los dedos rígidos de la madre. Al terminar su explicación se sintió un poco avergonzado porque recordó que había prometido no contarlo. Mientras tanto, Ola Gädda estaba con aire pensativo y con la mirada puesta en sus propios zuecos. No parecía muy contento.

IX

FRANS Y LA ROSA DE SÖDERASEN

HAS visto, madre, lo que han hecho los gatos en el establo? —preguntó Folke un día—. Juegan en el techado y cuando quieren revolcarse no se molestan en bajar al suelo; les parece que la paja del techado es buena también para ello y han acabado por hacer un gran agujero; cuando llueva caerá el agua justamente encima de los pesebres.

—Pero ¿cómo puede ser eso si no hay escalera? ¿Cómo suben?

—Saltan a la piedra de afilar, y desde allí, al techado. La he separado, pero el daño ya está hecho.

—De todos modos la paja está ya muy vieja. Tendríamos que haberlo arreglado el otoño pasado. Habrá que mandar recado a Mans, el techador, para que venga —dispuso la abuela después de echar una ojeada al techado.

—¿Habéis oído, niños? —dijo Folke—. Preparaos a oír cuentos. No hay nadie en toda esta tierra que sepa más que él.

—Sí, y es muy inteligente. Tenía que haber sido

maestro de escuela, pero se puso enfermo y tuvo que estar varios años en la cama. Después, cuando recuperó la salud, pensó que ya no estaba en edad de estudiar y que era más sano vivir al aire libre con el oficio de techador.

A los pocos días apareció Mans. Era un hombre alto y flaco, con un sombrero de anchas alas echado hacia atrás. Al ver el destrozo de los gatos se echó a reír.

—¡Ah! Los gatos y yo somos consocios hace mucho tiempo. Hice trato con ellos y me prometieron darme trabajo. Hasta ahora cumplen su palabra. Gracias a ellos, ha habido que arreglar en Söderasen muchos viejos techados.

A continuación se quitó el sombrero e hizo una gran reverencia a los dos gatos del establo, que en aquel momento se hallaban observando los juegos de sus gatitos.

—Gracias, amigos míos, lo habéis hecho muy bien.

Al oír esto, Pelle trasladó su mirada de Mans a los gatos y de los gatos otra vez a Mans. ¿Sería posible?

¿Realmente era capaz aquel hombre de hablar con los gatos? Se acercó a la abuela para preguntárselo y salir de dudas, pero aunque lo hizo en voz baja, su pregunta llegó a los oídos de Mans, que dijo en seguida guiñando un ojo:

—¡Oh, sí! Todos los viejos techadores saben la lengua de los gatos.

—¿Y la de los perros también? — preguntó Pelle.

—Bueno, ésa la sabe mejor la señora Klara — respondió Mans mientras colocaba la escalera de mano debajo del alero.

—Abuela, ¿sabes tú la lengua de los perros?

—El viejo "Lubbe" y yo nos entendemos muy bien.

—Pero ¿cómo haces cuando hablas con él? ¿Ladras?

—Las señoras no ladran — intervino Mans al tiempo que subía por la escalera —. ¡Vaya por Dios! ¡Lo que hay que arreglar aquí! Menos mal que encargué a Oskar Persson el otoño pasado que me guardara paja para esta compostura. Esto, después de haber hablado con los gatos, claro está...

—¡Bah! — exclamó Pelle —. Usted habla en broma. No creo que los gatos y los perros hablen.

—Puede que sí — replicó la abuela.

—Algún día los oirás — aseguró Mans mientras se sentaba en el caballete del techado y empezaba a arrancar la paja.

Caía tanta que tuvieron que separarse del establo. La abuela entró en la casa.

—Claro que los gatos tienen su lengua — intervino Kaja —. ¿No has oído hablar nunca a "Mirran" y sus gatitos? "¡Niiiños!", les dice cuando los ve. Entonces ellos corren junto a su madre y gritan: "¡Estamos aquííí!"

"¡Puf, qué sucios estáis!", les riñe ella, y empieza a lamerlos. "¡Oh, qué bien!", runrunea un gatito, y otro pide leche y se dispone a mamar. ¡Oh, sí! Si escuchas, les oirás todo esto.

—Tiene razón la niña — dijo Mans desde arriba —. Lo que ocurre siempre es que todos no tienen oídos para eso.

Pelle empezó a tocarse las orejas. Sí, no había duda; tenía orejas, y bien puestas. Se fue en busca de "Mirran" y sus pequeños e intentó oír lo que decían, pero en aquel momento no decían nada porque estaban enteramente entregados a la caza de mariposas por la yerba. Después de un rato de espera, se cansó, y como estaba aquel día muy preguntón, volvió junto al techador para saber por qué había pedido paja a Oskar Persson habiendo un gran montón de ella frente al establo. Mans le explicó que la paja de Folke estaba majada a máquina y que para techar era mucho mejor la que se majaba con el mallo. Pocos eran los que por entonces majaban así y por ello había de pedirles la paja con mucha antelación.

—Pronto majarán todos a máquina. Cuando eso ocurra será difícil arreglar los techados viejos y nadie hará nuevas techumbres de paja — comentó Mans.

—¿Y qué hará usted entonces? — preguntó Pelle.

—Seré un caballero desocupado y me pasaré el día entero tumbado boca arriba — respondió entre risas el techador, y al mismo tiempo echaba la cabeza hacia atrás y la plateada barba le brillaba al sol.

—También podría entrar en un circo y hablar con los gatos. Iría mucha gente a oírle y ganaría mucho dinero.

—No es mala idea —respondió seriamente Mans—, pero no sé si podré convencer a los gatos. Son algo tímidos.

En esto, Folke aparejó al caballo y se dispuso a ir en busca de la paja. Pelle y Kaja querían acompañarlo, pero la abuela se opuso:

—No. En cuanto termine de hacer el pan, iréis conmigo al zapatero para que os tome las medidas. Ahora id a buscar a Mans, que quiero darle un café. Supongo que vosotros preferiréis zumo de fruta.

Cuando los niños volvían con el techador, la abuela salió con una bandeja y la puso en la mesa del jardín. Luego dijo a Mans:

—Conviene que tome usted algo. Siéntese aquí, a la sombra, con los niños y hable con ellos. Yo tomaré mi café dentro porque tengo el pan en el horno, pero si usted les explica un buen cuento, podré oírlo por la ventana.

—Muchas gracias —dijo Mans, y se sentó en el banco.

A poco, la abuela apareció con el café y con el zumo y volvió a entrar en la casa. Las pastas que había preparado para ellos olían muy bien, y el zumo de cerezas estaba muy frío y era riquísimo.

—¡Qué bien se está aquí! —suspiró Kaja—. ¿Por qué hemos de ir a casa del zapatero? Sería mejor quedarse aquí todo el día oyendo cuentos.

—La abuela dice que es para que nos tome las medidas, pero yo tengo unas zapatillas de terciopelo azul y no me las pongo nunca —explicó Pelle.

El techador mojó su panecillo en el café y después de saborearlo con gusto preguntó a los niños:

—¿De manera que vais a ver al viejo Persson? ¿No habéis estado nunca en su casa?

—No.

—¿Y creéis que hace zapatillas de terciopelo o de felpa o cosas así? No, hijos, no... Lo que hace son zuecos. Es el zuequero.

—¿Zuecos? — preguntó Pelle —. ¡Así, tú y yo, Kaja, tendremos zuecos! ¡Qué bonito!

—¡Ya lo creo! — asintió Kaja.

—Bien — dijo Mans —, pues el zuequero es un tipo muy inteligente. Sus hormas son tan exactas y hace tan bien los zuecos, que sientan como los mejores zapatos de cuero. Los que trabajan en el campo, forzosamente han de llevar zuecos. Los zapatos de cuero no sirven para eso.

—Es verdad — confirmó Pelle —. Folke los usa, y también Ola Gädda y Stig.

—Yo no los llevo porque no valen para andar por los techados, pero los niños sí, y de este modo ahorran sus zapatos. Ya los habréis visto, supongo yo. Ahora hacen los zucos a máquina y se pueden comprar en la casa Epa, en Landskrona y Hälsingborg y en otros sitios también. Pronto desaparecerá el antiguo oficio de hacer zuecos, como desaparecerá el de hacer techados de paja. Pero si queréis os contaré la historia de un zuequero que cambió de oficio.

—Sí, sí — rogó Kaja.

—¿Por qué cambió de oficio? — preguntó Pelle con la boca llena de golosinas.

—¿Por qué? Ahora os lo voy a contar. Tú, niña, ya has viajado bastante, ¿verdad? ¿Has estado alguna vez en Kivik?

—¿Kivik? Sí, donde hacen la feria.

—Eso es. Entonces es posible que hayas visto la casa del zuequero de que os voy a hablar. Es una vieja casa blanca, cubierta de rosas hasta el tejado. Está en el bosque de avellanos, junto al cruce, en las afueras del pueblo. ¿Te acuerdas?

Kaja frunció las cejas como si se esforzara en recordar.

—Sí, me parece que sí — afirmó vacilante.

—Encima de la puerta, y colgado de un gancho, hay un viejo cartel de hierro muy oxidado. Tiene forma de corazón, cruzado por unas rayas como las de las hojuelas que hacen por ahí. Alrededor de él trepan las rosas, y lo atraviesa una ancha tira por la que se ve que en otros tiempos fue dorado. Si apartas las rosas podrás ver unos versos pintados con letras antiguas que dicen así:

Vive en esta casa Frans el hojuelero.
En sus años mozos fue muy buen zuequero.
Después dejó este oficio por amor
y aprendió a hacer hojuelas
como la mujer del Pastor.

—Fue este mismo Frans, el zuequero — prosiguió el techador —, quien hizo la casa. Era un mozo alegre y de ojos muy vivos. Había montado un puesto en la feria de Kivik, y allí vendía sus zuecos y recibía los encargos. Pero un día de mercado vio entre la multitud una moza que no conocía. Se llamaba Pernilla Palsdotter y era de una parte de Skane famosa por sus chicas guapas. En fin, no hace falta decir qué parte es aquélla. El caso es que a la moza le llamaban la Rosa de Söderasen, con lo cual se entiende que no era precisamente fea.

El padre de la chica era Pal Svensson, y la acompañaba aquel día para comprar un par de potros. Pero andaban también con otro asunto entre manos: un rico campesino, de nombre Jöns Oredsson, quería casarse con Pernilla. Tenía tierras a unos cuantos kilómetros de Kivik y había invitado a Pernilla y a su padre para mostrarles el magnífico porvenir que esperaba a la muchacha si se casaba con él. Y fueron allá y vieron la gran casa y las magníficas tierras. El padre de Pernilla no tenía nada que oponer a que la boda se hiciera, y Pernilla tampoco encontraba defectos a la hacienda de su pretendiente, pero en cambio su futuro marido, Jöns, era tosco y gordo y tenía una barriga como un bombo. Además, sus ojos eran amarillentos y su humor no parecía muy de fiar. Por todo esto, Pernilla pidió que en lugar de decidir aquella misma tarde le dieran unos cuantos días para reflexionar.

Y allá andaba por la feria, a un lado su padre y al otro el pretendiente, con aire muy preocupado. La gente se agitaba alrededor de ellos con gritos y risas, se oía la música del organillo, sonaba la campana de un alemán que anunciaba su teatro de polichinelas... De pronto la vio Frans, el zuequero, y como es de suponer, ya no le quitó la vista de encima, hasta que como si no le bastara mirarla, se quitó el gorro y lo tiró al aire, dando muestras de mucha alegría. Pernilla, al ver a Frans, se puso colorada primero y después pálida, y pensaba que si Jöns Oredsson tuviera los ojos tan alegres y vivos como aquél, habría dado en seguida su respuesta. Y Frans y Pernilla quedaron mirándose un rato.

Cuando Jöns vio lo que pasaba, sintió temor y enfado a la vez. Le parecía muy mal que una chica de quien había pedido la mano estuviera allí como pasmada mirando a aquel tipo. Bien sabía él quién era Frans, pues le había encargado muchos pares de zuecos para sus criados, y así le dijo: "Quítate de en medio, zuequero, no estorbes el paso de la Rosa de Söderasen y de su padre". Y al decirlo hinchaba la barriga, en la que brillaba una cadena de oro.

Frans, claro está, había oído hablar de la Rosa de Söderasen y de todos sus pretendientes, y se apartó con tristeza porque no había esperanza alguna de que fuera la mujer de un pobre zuequero.

Pero Pernilla seguía allí, sin quitar sus bonitos ojos de la cara de Frans. Como el organillo y la gente formaban gran algarabía, no había entendido exactamente las palabras de Jöns. Creía que su pretendiente había llamado hojuelero a Frans. Y así, cogió a su padre del brazo y le dijo: "Papá, he resuelto decir que no a Jöns; yo no me casaré más que con un hojuelero".

El padre y Jöns estaban indignados. ¿Qué locura era aquélla? El primero le dijo que no se podía bromear con asuntos tan serios, y Jöns afirmó que si creía que él iba a ponerse a hacer hojuelas, estaba equivocada. Añadió, sin embargo, que si tanto le entusiasmaban, le pondría criadas dispuestas a hacerle todo el día hojuelas, barquillos y *spettecakes*. Pero Pernilla juró solemnemente que si no se casaba con un hojuelero no se casaría con nadie.

Ya podréis imaginaros el enfado de Jöns Oredsson. Se le hinchó la barriga hasta quedar enteramente tirante sobre ella la gran cadena de oro, y gritó al padre de

Pernilla: "¡Ten cuidado con tu hija, Pal Svensson! Primero se pone a mirar a aquel imbécil de zuequero, que vive en una casa del tamaño de mis perreras, y luego dice que se quiere casar con un hojuelero".

Entonces Pernilla se dio cuenta de su equivocación y de que, por tanto, Frans no era hojuelero sino zuequero. Pero había jurado que sólo se casaría con un hojuelero, y cuando se jura no hay más remedio que cumplir el juramento.

Frans había oído muy bien las palabras de Jöns, y como era mozo listo, comprendió en seguida la situación. La pobre Pernilla, con la cara escondida tras el delantal, lloraba desconsolada. Finalmente el padre la llevó de allí, casi a rastras, pero Frans se sintió feliz porque estaba seguro del amor de Pernilla. Esto era lo principal. Lo demás ya se arreglaría. A continuación se acercó al puesto del ferretero para ver si encontraba una navaja de su gusto para labrar zuecos, y mientras las miraba y probaba, se acercó también al puesto la mujer del Pastor, que venía en busca de un molde para hacer obleas. Su cocinera había dejado caer el que tenía, con el que estaba muy encariñada, y había roto dos de los corazones que regularmente salían marcados en las obleas.

Al oír esas palabras, Frans vio el cielo abierto. Contó todo su dinero y vio que era suficiente para comprar un molde de hacer hojuelas. Dicho y hecho. Lo compró, lo puso debajo del brazo y se fue corriendo tras la mujer del Pastor para contarle toda su historia. Ella dijo que si había alguien capaz de enseñarle a hacer hojuelas y barquillos, era precisamente ella, y que la mejor receta de Skane para preparar la pasta la tenía su familia desde hacía más de cien años.

Llevó a Frans a su casa, entraron en la cocina y le hizo ponerse un delantal. A continuación le instruyó sobre el modo de preparar la mezcla de nata, huevos, harina y agua. Después de ello le hizo batirla, y durante tal manipulación Frans esperaba pacientemente que subiera el batido, porque como todo el mundo sabe, el batido de la mezcla para los barquillos tiene que subir. Cuando al fin estuvo lista, empezó la elaboración de las hojuelas en el molde. La primera quedó pegada al hierro. La mujer del Pastor, después de arrancarla, la tiró al cubo de la basura y dijo: "No te preocupes. Todo el mundo lo hace mal al principio".

La segunda salió pálida y pegajosa. Esta vez la echó al gato y anunció: "La próxima saldrá mejor".

La tercera estaba algo quemada por un lado, y la

mujer del Pastor animó a Frans con estas palabras: "Vas progresando". Y dio la hojuela al perrito.

La cuarta salió perfecta. Los cinco corazones aparecían iguales, crujientes y dorados.

Entonces, la mujer del Pastor llamó a la puerta del despacho de éste y dijo: "¡Chrusander!" Salió el Pastor y probó un corazón. Ella probó otro. Y al mascarlos exclamaron complacidos: "¡Ah!".

Frans volteaba incansable el molde, y el montón de hojuelas crecía sin cesar; y cuando hubo terminado la mezcla, dio las gracias por la lección y se dispuso a recoger su molde y marcharse. Entonces el Pastor propuso: "¿No te parece, Beata, que Frans podría llevarse sus hojuelas y venderlas en la feria, puesto que ya se ha hecho un hojuelero de verdad? "Tienes razón, Chrusander", contestó la mujer.

¿Os imagináis la alegría de Frans? Volvió en seguida a la feria con sus hojuelas. Detrás iba la mujer del Pastor, y a ésta la seguía, cojeando, el propio Pastor, con un gran cartel que había escrito muy de prisa. El cartel decía: "Se venden hojuelas recién hechas", y lo colgó encima del puesto de los zuecos.

Frans puso las hojuelas en el mostrador, al lado de los zuecos, y al instante se vio rodeado de una multitud que compraba y comía hojuelas.

En esto apareció Pernilla con su padre, y detrás de ellos Jöns Oredsson. La cara de éste, siempre muy colorada, se puso verde y blanca nada más leer el cartel del Pastor. En cambio, Pernilla se puso como una rosa y sonrió a Frans y éste le sonrió a ella. "¿Es éste el hojuelero con quien te quieres casar?", le preguntó el padre. "Sí, padre", respondió Pernilla.

Entonces Jöns empezó a gritar muy descompuesto: "¡Esto es mentira! ¡Esto es una estafa! ¡Ese individuo es el zuequero de la casuca que hay junto al cruce! ¡Ha debido de robar las hojuelas en la cocina de la posada!"

Pero el Pastor Chrusander se adelantó hacia Jöns, le puso el dedo índice en el chaleco, junto a su gran cadena de oro, y le acusó con estas palabras: "Ahora eres tú quien dice mentiras, Jöns Oredsson. Mi mujer y yo estábamos al lado de Frans mientras hacía estas riquísimas hojuelas. De manera que es hojuelero y lo seguirá siendo. Esto lo aseguro yo."

"El señor Chrusander dice la verdad, y has de comportarte mejor, Jöns Oredsson", añadió la mujer del Pastor.

Jöns se puso tan furioso y se le hinchó la barriga de tal manera, que se le rompió la gran cadena de oro; luego se encaminó a su casa, encogido como un perro al que hubieran apaleado. A continuación, Frans partió un pedazo de su última hojuela y se la ofreció a Pernilla:

"¿Quieres un corazón? Lo guardo especialmente para ti".

"Muchas gracias", contestó Pernilla, al tiempo que hacía una reverencia y cogía la mano de Frans, que ya no soltó. Entonces el padre dijo que si el propio Pastor estaba en favor de Frans, ¿quién era Pal Svensson para oponerse?

Lo que falta del cuento ya os lo podéis figurar. El señor Chrusander casó a Frans y a Pernilla, y la mujer, como regalo de boda les dio la receta de la mezcla para hacer hojuelas. Y Frans vivió feliz con Pernilla y continuó haciendo barquillos toda su vida.

Todo esto ocurrió hace muchos años. Ahora no queda más que la casita y el cartel, y una y otro están muy viejos. Pero el rosal trepador que plantó Pernilla sigue dando tan bonitas rosas como siempre. Y es porque ella lo llevó de Söderasen, donde, según dicen, las chicas y las rosas son las más bonitas de todo Skane.

—¡Oh! —se oyó exclamar a la abuela en la cocina entre ruido de tarteras—por escuchar el cuento se han quemado los últimos panecillos.

—Lo siento—dijo Mans a la vez que se servía su tercera taza de café—. Bueno, niños, ¿qué os ha parecido la historia?

—¡Magnífica! —respondió Kaja con entusiasmo.

—Sí, pero es un cuento para niñas —opinó Pelle.

—Pero Frans era un hombre —repuso Kaja—. Y también Jöns, el antipático, y el Pastor y el padre de Pernilla.

—Ya sé lo que quieres decir, Pelle —dijo el techador—. Tienes razón. A las chicas siempre les gustan las historias en que la gente se casa.

—¿Sabe cuentos para niños? —preguntó Pelle al mismo tiempo que limpiaba con una mano un poco pegajosa el bigote que le había dejado el zumo.

—¡Ya lo creo! Pero otro día.

La abuela murmuró en la cocina mientras raspaba una tartera:

—Le gusta mucho hacer halagos y decir palabras bonitas.

Mans se inclinó hacia los niños y les dijo en voz baja:

—Sí, vuestra abuela era también una de las rosas de Söderasen. ¡Si vierais lo guapa que era de joven...! Pero ahora tengo que darme prisa y preparar aquel techado antes de que llegue Folke con la paja nueva.

La abuela salió a recoger la bandeja y las tazas y ordenó a los niños:

—¡Adentro a lavaros, niños! Es hora de ir al pueblo. Y gracias por el cuento, Mans.

—Gracias a usted por la invitación —respondió el techador quitándose el sombrero con gran ceremonia. Luego, señaló el establo y dijo:

—¡Vaya! Allá están mis consocios esperándome.

En efecto, toda la comunidad de gatos paseaba por el techado. El último gatito acababa precisamente de subir por la escalera de mano.

—¡Hay que ver! ¡Mira cómo se han aprovechado de la ocasión! — exclamó la abuela.

—¿Fue por esto por lo que no separó usted la escalera al venir a tomar el café? — preguntó Kaja al techador.

—¡Naturalmente! Me pidieron que la dejara.

—¡Bah! — exclamó Pelle, aunque no estaba lo suficientemente seguro para rechazar del todo la afirmación de Mans.

X

EL CAMINO DE LA ESCUELA

El camino que conducía a casa del zuequero atravesaba el bosque. A poco de andar por él sorprendieron un grupo de liebres que jugaban en un claro, pero nada más oír el grito de alegría con que Kaja advirtió su presencia, desaparecieron como un relámpago.

—¡Oh, si pudiéramos coger una y llevarla a casa...!

—No es fácil tener la ligereza de sus patas — advirtió la abuela —. Por otra parte, mejor están aquí que en una trampa. Un verano, cuando era pequeña, tuve un lebratillo domesticado.

—¡Qué suerte! — interrumpió Kaja.

—Mi padre lo había encontrado en el bosque. Se hizo manso como un gato y me seguía a todas partes. Sólo yo le daba de comer, sentado en mi falda, y al disponerme a hacerlo, se ponía sobre las patas de atrás y me daba unos golpecitos con las delanteras. Mi madre decía que esta señal era su manera de bendecir la mesa.

—¿Y qué comía?

—Nabos, zanahorias, hojas de col; en fin, toda clase de verduras.

—¿Y en qué acabó? ¿Se murió? — intervino Pelle.

—No, lo vendí en otoño por una corona y media — confesó la abuela con cierto pesar.

—¡Oh! ¿Cómo pudiste hacer eso? — le reprochó Kaja.

—¡Bien puedes decirlo! Tardé bastante en decidirme, pero había una cosa que tenía muchas ganas de comprar y que valía exactamente una corona y media, cantidad muy importante en aquellos tiempos. Claro que el granjero a quien vendí "Jösse", pues este nombre tenía el lebratillo, era muy amigo de los animales, tanto que los corzos y los ciervos comían en su mano.

—Con un hombre así me casaré yo — dijo Kaja.

Y Pelle preguntó a la abuela qué había comprado con aquel dinero.

—Una gallina de porcelana — contestó suspirando.

—¿Aquella que está en el cuarto grande?

—Aquella misma. Debe de hacer..., déjame pensar... Sí. El otoño que viene hará cuarenta y ocho años.

—La gallina está muy bien, desde luego, pero yo preferiría un lebratillo de verdad — confesó ingenuamente Kaja.

—Sí, pero entonces estaba de moda presentar el huevo de Pascua en una gallina de porcelana, y como todos tenían su gallina menos yo, me daba vergüenza. En el momento de comprarla en la tienda de Kageröd me sentí muy contenta y orgullosa, pero antes de llegar a casa ya estaba arrepentida, y decidí ahorrar dinero para comprar "Jösse" al granjero. Sin embargo, nunca llegué a hacerlo, y lo más triste fue que una mañana de invierno vimos las huellas de una liebre junto al cobertizo en que guardaba a "Jösse" cuando era mío. Comprendí que se había escapado para volver conmigo, y desde entonces dejamos entreabierta la puerta, pero no volvió, ni tampoco a Oregarden, a la casa del granjero que me lo había comprado. Supongo que volvería al bosque, a vivir con las liebres.

—Entonces, las liebres que vimos hace un rato serán hijas de "Jösse" — insinuó Pelle.

Pero la abuela y Kaja pensaron que por lo menos serían sus tataranietas.

—Por aquí iba yo a la escuela— dijo la abuela cambiando de conversación —. Muchas veces encontraba corzos, y una vez vi a lo lejos una familia de antes. Aún parece que veo correr al más pequeño, con sus largas y delgadas patas, entre el padre y la madre. ¡Qué bonito era! En ocasiones, como un relámpago rojo, un zorro cruzaba el camino.

—¡Te asustarías mucho!

—No, porque yo sabía que los zorros no atacan a las personas, pero a veces, al ir por aquí muy temprano o al volver, cuando ya oscurecía, notaba impresiones un poco raras. Imaginaba que por todas partes andaban lobos y duendes.

—¡Bah! No hay duendes — aseguró Pelle.

—Duendes, no; pero sí que había lobos, aunque ahora hayan desaparecido. Y un día que llevaba pan y miel para mi merienda, temí que un oso me siguiera, porque me habían dicho que a los osos les gusta mucho la miel y que la huelen desde muy lejos. Cada vez más preocupada por aquella idea, eché a correr como una loca, y al pasar junto a aquellas piedras grandes que se ven allí, me pareció que algo, muy grande y oscuro, se movía detrás. ¡Un oso!, me dije en seguida, a pesar de que desde hacía muchos años no se veía un oso en Söderasen. Al final resultó que era la vaca blanca y negra de Henning Andersson, y me sentí tan feliz que le ofrecí el pan y la miel. Pero, ¿qué os parece?, no los quiso comer.

—Explicas cuentos como un techador — dijo maliciosamente Kaja.

—Cuéntanos más, abuela — le pidió Pelle, cogiéndola de la mano, a pesar de que no le gustaba nada ir de la mano de nadie.

No pudo ser porque en aquel momento ya estaban fuera del bosque y con la casa del zuequero a la vista. La casa, por cierto, no era pequeñita, no tenía rosales trepadores ni carteles descoloridos. Era una casa como tantas otras, de ladrillos amarillos, con un balcón, y en él una asta para colocar la bandera. Los ojos del zuequero no eran muy vivos y alegres, pero hacía buenos zuecos, a juzgar por los que tenía entre manos cuando entraron.

Para tomar medidas a los niños, los puso de pie encima de un papel colocado en el suelo. Después recorrió el contorno de los pies — que quedaron marcados en el papel — con un lápiz de los que usan los carpinteros; trazó varias señales y cruces, midió con una cinta métrica amarilla, les tocó las suelas de los zapatos y anotó todo en una libreta.

—Estarán el jueves de la semana que viene — dijo para terminar, y no volvió a abrir la boca.

Al salir, la abuela se dio cuenta de que los niños estaban un poco decepcionados, y así les explicó:

—Erik Persson no es tan interesante como aquel Frans de quien habla el techador, pero ¿quién sabe? A lo mejor no era tampoco como dice Mans, porque el bueno de Mans inventa muchas cosas en sus cuentos para que resulten más bonitos. Vive un poco en las nubes.

—Sí—afirmó Pelle—, ¡como anda siempre por los tejados!...

XI

UNA VOZ EN LA DESPENSA

Dieciséis, diecisiete, dieciocho...

Sentado en el escalón de la puerta, Pelle contaba corchos. Había oído decir que con doscientos podría rellenarse una almohada, la cual le hacía mucha falta porque no sabía nadar. Con ella podría flotar arroyo abajo tras sus barquitos de papel.

Había pedido a la abuela y a Dela los corchos de los frascos vacíos, había buscado por toda la casa, desde el desván hasta la bodega, sin olvidar el polvoriento patio, pero aún le faltaban muchos. Kaja se los había contado dos veces. La primera resultaron ser setenta y ocho; la segunda, ochenta y dos. ¿Cuál era la verdad, pues? Porque no podían ser a la vez setenta y ocho y ochenta y dos. Pero ahora Kaja se encontraba en el establo ayudando a Dela a colar la leche de la tarde; por consiguiente, tendría que contarlos él sólo. Lo había intentado varias veces sin conseguir llegar ni a setenta y ocho ni a ochenta y dos. Siempre se quedaba en un número raro, algo así como diecidoce o diecicatorce.

—Abuela, ¿quieres ayudarme a contar?

La abuela contestó que no tenía tiempo, que estaba muy atareada con la preparación de la cena. A Folke le debía de ocurrir lo mismo porque Mans se encontraba con él, seguramente haciendo cuentas. Por último, Stig había regresado a Klovatorp con su bicicleta.

—Catorce, quince, dieciséis, diecisiete, dieciocho, diecinueve, diecidiez, diecionce...

En aquel momento, la abuela llamó al perro:

—Ven, "Lubbe"! Tengo algo para ti.

Era extraño, porque la abuela nunca daba de comer en la cocina ni al perro ni a los gatos. Apareció "Lubbe" a través del patio, saltó por encima de Pelle y entró.

Diecidoce, diecitrece, diecicatorce...—contaba Pelle en voz alta.

De pronto oyó hablar en la cocina, a la abuela y a alguien más, pero ¿cómo era posible si no había entrado nadie?

—¿Con quién hablas, abuela?

En lugar de la respuesta, le llegó un rumor y una risa ahogada. Después, en tono divertido, respondió la abuela:

—¿Qué dices? ¿Que con quién hablo? Con "Lubbe".

Pelle reanudó su cuenta, pero inmediatamente se detuvo atónito. Se oía, y no era la de la abuela, una voz baja, parecida a un gañido:

—¡Un poquito de carne, sólo un poquito! ¡Un poquito de carne, señora Klara! ¡Tengo tantísima hambre...!

—¡Cómete la sopa de avena, que fue hecha esta mañana! Y también aquel hueso, que aún sirve para roer —respondía la abuela.

—¡Un poquitín de carne, sólo un poquitín! — insistía suplicante la voz.

—Bueno, pues ponte bien sentado sobre las patas de atrás y te daré esta piel de salchicha.

—¡Otro poco! — plañía de nuevo la voz. — Además tengo sed.

—Toma — dijo la abuela, y al mismo tiempo se oía el ruido del agua.

Pelle estaba perplejo. De ninguna manera. Imposible que "Lubbe" hablara.

—¿No me da una gota de leche? — decía ahora la voz gimiente.

—No, querido "Lubbe", estás demasiado gordo ya.

—¡"Lubbe", ha dicho! — exclamó Pelle.

Se puso en pie de un salto y se precipitó en la cocina. Lo hizo con tal prisa que cayó encima de "Lubbe" y del plato de agua y se mojó toda la barriga, aunque no se hizo daño. Sin levantarse del suelo, se puso a mirar a su alrededor. En la cocina no había nadie más que la abuela y "Lubbe". Miró de nuevo y advirtió que la puerta de la despensa estaba entreabierta, pero los visitantes no entran nunca en la despensa.

—¿Te has hecho daño? — preguntó la abuela.

—"Lubbe" — dijo Pelle poniéndose de pie —, ¿es cierto que sabes hablar?

El perro, que lamía el agua derramada, levantó la cabeza para mirar a Pelle, pero en vez de hablar, abrió la boca y bostezó con aire aburrido.

—¡Contesta! — gritó Pelle —. Di algo si sabes, "Lubbe".

La abuela sonrió.

—A "Lubbe" le da un poco de vergüenza. Si sales, es posible que se sienta más a gusto.

Pelle, de mala gana, se fue hacia la puerta, y al salir la dejó abierta porque quería ver hablar a "Lubbe". Todo quedó en silencio. Tan sólo se oía un leve chirrido, como el que producen las bisagras de una puerta.

—Tienes que alejarte más — dijo la abuela.

Salió hasta la puerta exterior, desde donde ya no podía ver a "Lubbe", y en seguida oyó gruñir con enfado:

—¡Cierra la puerta, muchacho, y no te quedes ahí espiando!

¡El perro! ¿Era realmente el perro?

—¡Abuela! — gritó Pelle desde afuera —. Ven. Dame tu palabra de honor de que es verdaderamente "Lubbe" el que habla.

—¡Tonto!, ¿pues quién va a ser? —gruñeron desde dentro—. ¿Crees que la señora Klara puede hablar así?

Pero mientras se oía la misteriosa voz, Pelle se fue acercando de puntillas hasta la puerta de la cocina, y desde ella pudo ver que "Lubbe" roía un gran hueso de ternera, mientras la abuela, conteniendo la risa, tiraba al fregadero el agua de las patatas. Ninguno de los dos hablaba, pero la voz dolorida repetía:

—¡Carne, un poquitín de carne, señora Klara!

¡Ah! Espérate. La puerta de la despensa, ¿no está ahora un poco más abierta que antes? De allí debe de salir la voz.

—¡Eh, eh! —gritó Pelle lanzándose hacia ella.

La puerta se cerró de golpe y no hubo manera de abrirla a pesar de sus esfuerzos. Dio una vuelta a la llave y tiró de nuevo. La golpeó con los puños y gritó: "¡Abre!" Pero fue inútil. Habían puesto la aldaba o alguien desde el otro lado tiraba de ella.

—¡Abuela! —suplicó Pelle jadeante—. ¡Ven aquí, ayúdame! ¡No la puedo abrir!

—¿Qué quieres hacer en la despensa? La cena ya está —repuso con calma. Luego, con mucha tranquilidad, dejó la cazuela encima de la mesa y puso en orden las cosas que estaban en el fogón. Finalmente, se acercó a ver la cerradura de la despensa.

—¡Corre, abuela! —insistió Pelle con impaciencia.

—Creo que la has estropeado con tantas vueltas —dijo la abuela, manipulando la cerradura.

Cuando logró abrirla después de muchos intentos, Pelle se metió en la despensa. No había nadie. Se veían las cosas de siempre: los tarros de mermelada, las latas de los bizcochos, el jarrón de barro azul donde se guardaban los arenques en conserva... Un ramo de orégano, seco y grisáceo, que la abuela utilizaba para el puré de guisantes, se movía un poco al viento de la ventana.

—¿Tanta prisa tienes por entrar? Se ve que tienes mucho apetito. Te daré una galleta de jengibre con mantequilla para que resistas hasta la hora de cenar.

Mientras la abuela ponía mantequilla en la galleta, permanecieron los dos en la despensa. Pelle reflexionaba. Indudablemente había sido "Lubbe". A menos que aquel extraño ser se hubiera escapado por la ventana. Miró hacia fuera, pero no vio rastro de nadie.

—Cerraremos la ventana para que no entren las moscas —dijo la abuela—. Y ahora puedes comer la galleta.

—Gracias, abuela, pero deme palabra de honor de que...

¿Cómo? ¿Sería posible? Otra vez la voz:

—¡Carne, por lo que más quiera, señora Klara! ¡No me haga esperar más!

Aquellas palabras llegaban de la cocina. Tenía que ser el perro. Pelle se asomó y, efectivamente, no se veía más que a "Lubbe". Pero, ¿qué era aquello que se movía por encima de los geranios de la ventana? Parecía una cabeza y un par de hombros muy anchos. Sin detenerse a más reflexiones, Pelle se lanzó a separar las cortinillas de rayas azules. ¡Allí estaba Mans, el techador! Sudaba y jadeaba como si hubiera corrido.

—¡Ah! ¡Era usted, señor techador! — gritaba Pelle —. ¡Ya lo sabía yo!

Mans lo miró con extrañeza, y poniendo cara inocente, dijo:

—¡Pues claro que soy yo! ¿Pues quién pensabas que era? ¿Una vaca o "Reinaldo" el zorro? Señora Klara, me he acercado a la ventana para despedirme y darle las gracias por todo. Me voy.

—¡Era usted, era usted! — decía Pelle cantando, y al mismo tiempo daba saltos con la galleta en la mano —. ¡No diga que no! ¡Era usted!

Pero ni el techador ni la abuela le hicieron caso. Decía ésta:

—Primero tiene que cenar algo, Mans. Ahora mismo.

—Gracias, no se moleste por mí, señora Klara.

Pelle escuchaba. Mans tenía una voz profunda, pero aunque no era dolorida ni mucho menos, recordaba la voz misteriosa. Claro que también podía ser porque decía "señora Klara". Nadie llamaba así a la abuela.

—Pase, pase — insistía ésta.

La cabeza desapareció de la ventana y el techador entró en la cocina. Al mismo tiempo, "Lubbe" salía presuroso porque "Amelie" le llamaba con urgentes graznidos. Al verle fuera parecía decirle:

—¿Dónde te metiste? Estaba muy preocupada.

La confusión de Pelle era extraordinaria. Preguntó a Mans:

—¿Sabía usted que "Lubbe" habla con acento de Skane?

—Naturalmente. Lo extraño sería que hablara con acento del norte. Él es de Skane.

—¡Oh, no! "Lubbe" es de Terranova — intervino la abuela riendo.

—Es verdad — rectificó Mans —. Me había olvidado.

—¿Y cómo es la lengua de Terra... Terra...? — preguntó Pelle.

—¿La lengua de Terranova? Vamos a ver... No estoy muy seguro. Lo único que recuerdo es una tonada que cantaban unos cazadores de allí cuando limpiaban por la noche sus escopetas. Era algo así como... — y Mans se puso a cantar — :

Sí, caramán, Indiana,
¡oh!, piripinpintada.
Vamos ya, Valeriana,
compuesta y repintada.
¡Oh!, yanqui dulidandi,
adiós mi California.
Karakul Karalandi,
¡oh!, qué gran alivornia.

A la abuela le entró la risa, pero sin duda no quería ofender al techador porque volvió la cabeza y se tapó la cara con el delantal.

—¿Y qué quiere decir eso? —preguntó Pelle.

—Es la forma de cantar en Terranova la canción de "La muchacha que fue al pozo a buscar agua". Creí que la conocerías por la música. Es bonita y mucho más larga, pero no me acuerdo de lo que sigue.

—Cántela otra vez —rogó Pelle.

Pero en aquel momento entraron Dela y Kaja, y la abuela mandó a Pelle que fuera en busca de Folke. Reunidos todos se pusieron a cenar.

De pronto, al sentarse a la mesa, Pelle vio algo que le hizo abrir hasta no poder más los ojos y la boca, para gritar después:

—¡Ah, ah! ¡Ya lo sé, seguro, seguro!

—¿Qué es lo que sabes? —preguntó Folke.

—¡Ole, ole! Sé que los perros no saben hablar.

—¿Y cómo lo sabes? —dijo Kaja.

—Porque Mans tiene orégano en el pelo. Él era el que estaba en la despensa hablando la lengua de "Lubbe".

El techador, un tanto avergonzado, echó mano a la cabeza y arrancó de cerca de la oreja una ramita de orégano que se le había enredado. Al mismo tiempo dijo:

—¡Qué chico más observador!

—No sé de qué estás hablando —intervino Folke mientras cortaba para sí tres trozos de cordero frío—. Lo que sí sé es que la cena está muy bien.

—Parece que os habéis divertido. ¿No podríamos oír nosotros algo en esa lengua de "Lubbe"? —dijo Kaja.

—Si quieres, desde luego —respondió Mans riendo, y en seguida añadió: —¡Carne! ¿Podremos comer un poco de carne antes de que Folke acabe con ella?

Se echaron a reír todos, en especial Folke, y la abuela tomó la fuente de la carne, que estaba cerca de su hambriento hijo, y la ofreció al techador.

—De todos modos — dijo Pelle pensativo — fue lástima que no hablara "Lubbe".

—¿Te parece? — preguntó Mans —. En fin, ¿quién sabe? A lo mejor habla otra vez.

—¡Bah! — replicó Pelle.

XII

LA MORDEDURA DE LA VÍBORA

Una mañana, la hermana de Stig llamó a la puerta del jardín. Venía desde muy lejos, desde Klovatorp, con una gran anguila para la abuela. La traía a la espalda, en un saco.

—La cogimos nosotros en el arroyo y mamá la manda a la señora Bengtsson con muchos recuerdos y muchas gracias por todo — dijo la muchacha con locuacidad.

La abuela quería pagarla, pero la muchacha no aceptó. Es un regalo, protestó Ellen frunciendo las cejas, como si la abuela hubiera dicho algo muy feo. En vista de ello, la abuela se apresuró a aceptarla y dar las gracias, y Folke, que presenciaba la escena, se rechupaba los labios con la idea de comerla y aseguró que la anguila asada era uno de los platos más exquisitos. A continuación, la abuela propuso a Ellen que pasara el día con los niños y se quedara a dormir.

Ellen echó una ojeada a Kaja y a Pelle. Vacilaba un poco, aunque su madre había dicho que si la señora Bengtsson la invitaba a pasar la noche podría quedarse en el cuarto de los arreos. A la abuela le pareció muy bien, pero Kaja le suplicó que los dejara dormir a todos en el pajar. La abuela dijo que si tanta gracia les hacía podrían hacerlo.

—Contaremos cuentos — propuso Pelle.

—Sí, cuentos de fantasmas — asintió Kaja—. A ti no te asustarán los cuentos de fantasmas, ¿verdad Ellen?

—Si Stig está conmigo, no.

—Claro que estará — aseguró Kaja, y cogiéndola del brazo añadió: — Ven a ver nuestros gatitos.

Ellen examinó los gatos y afirmó con mucha decisión que "Garras de Tigre" sería el mejor cazador de ratas, y que lo de la oreja caída no tenía importancia. Esto alegró mucho a Pelle. Después los llevaron al pajar y jugaron con ellos. Más tarde se bañaron en el arroyo y finalmente Kaja propuso ir a buscar zarzamoras. Cogieron las que encontraron maduras a lo largo de la tapia, pero la mayor parte estaban verdes todavía.

Al aproximarse a la casita, vieron a Ola Gädda que cavaba cerca de ella.

—Mira, allí está tu abuelo—dijo Kaja.

—No me interesa nada.

—¡Hola! ¡Buenos días!—Saludó Pelle—. Aquí estamos con Ellen la de Klovatorp.

—Bien. Buenos días, jóvenes—contestó el viejo tras echarles un vistazo.

Pero Ellen no parecía haber oído. Pasó ante él con la nariz levantada buscando moras, como si no existiera.

—¿No das los buenos días a tu abuelo?—le preguntó Kaja en voz baja y dándole con el codo.

—No me gustan los viejos malos—contestó Ellen en voz alta y muy clara.

—¡Chist! —respondió Kaja escandalizada—. Te podría oír.

Ellen movió la cabeza despectivamente, como si dijera: "Me da lo mismo". Y sin decir palabra, continuó adelante.

Pelle observó que Ola Gädda la seguía con la mirada. Saltó la valla del jardín y se acercó al viejo para decirle:

—Aunque William Nilsson y los otros chicos la llaman hija del ladrón, es muy buena. Trajo un pez muy grande para la abuela.

Ola Gädda, después de fruncir las pobladas cejas, murmuró:

—¡De manera que llaman ladrona a la pequeña Ellen!

—Sí, a pesar de que su papá robó, sólo una vez, un anzuelo de cuchara.

Dicho esto, Pelle echó a correr para unirse a las chicas. Al alcanzarlas, dijo a Ellen:

—Me gusta tu abuelo.

—Pues para ti. Yo no lo quiero.

—Gracias, entonces será mi abuelo—aceptó Pelle encantado.

—¡Oh, qué bobo eres!

A continuación, Ellen subió descalza a la tapia. Había dejado los zuecos junto a la puerta de la cocina, y aunque las zarzas eran espesas saltaba con agilidad de una piedra a otra sin arañarse. Kaja y Pelle se iban quedando muy atrás.

De pronto, Ellen lanzó un grito, y por él y por una palabra que se le oyó decir comprendieron que estaba asustada.

—¿Qué te pasa? ¿Te has hecho daño? —preguntó Kaja.

—¡Una víbora! —gritó Ellen sobrecogida—. ¡La pisé y me mordió el pie! ¡Oh, me muero!

—¡Qué horror! —exclamó Kaja pronta a llorar—. ¿Qué haremos? Espera, buscaré un palo para matarla.

—Se ha ido —sollozó Ellen—. Escapó entre las piedras.

Ellen bajó de la pared y fue hacia ellos cojeando. Lloraba mucho.

—¡No puedo andar! Siento como si tuviera un cuchillo clavado.

—Voy a buscar a Ola Gädda —dijo Pelle; y echó a correr.

El viejo, apoyado en su pala, miraba a lo lejos. Daba la impresión de no haberse movido.

—¡Venga en seguida! —jadeó Pelle—. Una víbora ha mordido a Ellen en el pie y se va a morir.

Ola Gädda se volvió lentamente hacia él y preguntó:

—¿Qué es lo que dices?

—¡Que Ellen la de Klovatorp ha pisado una víbora y se está muriendo! —repitió angustiado Pelle.

El viejo se enderezó súbitamente, y sin acordarse de la puerta saltó la valla de su jardín como una vaca loca y echó a correr por el sendero. Pelle no podía seguirle.

Se oían los llantos de Ellen y Kaja. Se habían sentado en el suelo. Kaja estrechaba a Ellen con un brazo, y con el otro espantaba unas víboras imaginarias.

—¿Dónde está la mordedura? —dijo Ola Gädda al llegar—. Enséñamela y así podré chupar el veneno.

Ellen extendió el pie entre sollozos indicando con el dedo. Kaja dejó de golpear el suelo y Pelle se arrimó

todo lo posible al viejo por temor de que pudiera haber otras víboras. Inmediatamente, Ola Gädda aplicó su desdentada boca al pie hinchado de Ellen y se puso a chupar y a escupir. Finalmente tomó a la niña en brazos y ordenó a Kaja y a Pelle:

—¡Aprisa, niños! Decid a Folke que prepare el coche. Tenemos que ir al hospital lo antes posible. Yo iré con ella.

Corrieron en busca de Folke, pero se había ido a Astorp a buscar fosfato. La abuela llamó al médico, que se puso en camino con el suero.

Cuando Ola Gädda llegó con la niña en brazos, ésta ya no lloraba. Estaba pálida y silenciosa, con los ojos muy abiertos por el susto.

—Bueno, pequeña, aquí estamos. Ya no hay peligro.

La tendió en el banco de roble del jardín. Después le acarició la despeinada cabellera y dijo:

—Bueno... bueno... Cuando venga el médico estarás mejor.

Pelle corrió luego al prado para advertir a Stig.

—No es muy peligroso, Stig. La abuela dice que casi nunca muere nadie de mordedura de culebra.

Stig no respondió, pero ¡cómo corría! Pelle, cansado de tanto ir de acá para allá, se quedó atrás. Cuando llegó, habían subido a Ellen al cuarto de la abuela, y la abuela, Ola Gädda y Stig estaban con ella. Kaja, en aquel momento, sacaba afuera la jaula de "Julio", que no cesaba de repetir con gran alborozo y agitación de alas:

—¡Qué bien se está en Stubbagarden!

—El abuelo me sacó el veneno, Stig — murmuró Ellen a su hermano.

Stig le apretó la mano y saludó con una inclinación de cabeza a Ola Gädda, que estaba sentado y estrujaba el gorro entre las manos. El viejo no se dio cuenta del saludo de su nieto porque no quitaba los ojos de la niña.

Cuando llegó el médico hizo que todos, menos la abuela, salieran de la habitación. Pasaron a la cocina. La jaula del loro estaba en el escurridero, y de vez en cuando "Julio" repetía la frase que Kaja le había enseñado:

—¡Qué bien se está en Stubbagarden!

Al cabo de un rato oyeron alejarse el coche del médico y poco después vino la abuela para decir que no había peligro porque la mordedura no tocaba ninguna vena. Sin embargo, para más seguridad, le había puesto un suero y cortisona, con lo cual y algún reposo todo iría bien. Por otra parte, el médico volvería otra vez, puesto que había de pasar nuevamente por Stubbagarden.

Al oír estas noticias, Ola Gädda se puso muy contento. Luego se levantó y miró un momento por la ventana del cuarto. Al volver dijo suavemente:

—Está dormida. La pequeña es muy buena.

—Mucho —asintió la abuela—, aunque a veces es algo terca y tiene mal genio.

—Hay quien dice lo mismo de mí. Pero yo no puedo ver a esa gente que anda todo el día con sonrisas.

—Sí, se ve que sois de la familia.

Y entonces Ola Gädda sonrió. Era la primera vez que los niños veían semejante cosa.

—Un encargo, no lo olvide —advirtió el viejo—; yo pagaré al médico.

—Bien; no es mucho pedir —asintió la abuela—. Según dicen, tienes guardada una fortunita, mientras que tu nuera y sus hijos lo pasan muy mal.

—¡Basta, basta! —interrumpió el viejo con enfado—. Hace mucho que estoy pensando volver a Klovatorp después de la cosecha del centeno.

—¡Al fin! ¡Buena idea! —exclamó la abuela muy contenta.

—Necesitan un hombre allá.

—Cierto.

—Y ahora no hablemos más del asunto —concluyó el viejo.

—Si tú puedes olvidar lo pasado, yo también lo olvidaré —añadió la abuela—. Y si no fuera porque tú te empeñaste en recordar y marchaste de Klovatorp, nadie hubiera vuelto a pensar en ello.

En esto oyeron que Ellen llamaba a Pelle. Acudió éste en seguida y la encontró sentada en la cama de la abuela con un álbum de fotografías. Tenía puesto el pijama de lunares de Kaja y la abuela la había peinado. Quizá por esto parecía dulce y amable, al contrario que antes.

—Quiero que vayas a la casita y lo traigas aquí.

—¿A quién?

—A mi abuelo.

—Está en la cocina.

—Pues quiero que venga aquí.

—Pero tú me dijiste que no lo querías como abuelo y que podía quedarme con él.

—Ahora lo quiero otra vez para mí.

Ola Gädda se levantó inmediatamente y fue a la habitación.

Mientras tanto, comentó Kaja, pesarosa:

—¡Qué lástima! Sin Ellen, no podremos dormir esta noche en el pajar. ¡Íbamos a contar historias de fantasmas!

—Ya dormiréis otro día — dijo la abuela —. Además también podéis contarlas en la buhardilla.

—¿Pero Ellen?

—Ellen tiene que dormir.

—Yo no tengo nada de sueño — llegó una voz desde el cuarto de la abuela —. He dormido todo el día y ahora estoy muy despierta. Me prometisteis cuentos.

—¿La habéis oído? — dijo Folke —. Ésa no se muere por ahora.

—Tienes que quedarte en la cama — insistió la abuela al entrar en el cuarto —. Pero si te encuentras tan bien, podréis escuchar un cuento, pero no de fantasmas.

Todos se pusieron alrededor de la cama menos Ola Gädda, que permaneció sentado en un rincón.

—¿Y ahora quién va a contar el cuento? — preguntó la abuela —. Tal vez tú, Kaja.

Pero Kaja contestó que no recordaba más que cuentos de fantasmas. Pelle no sabía contar ninguno. Stig era demasiado tímido. Y a nadie se le ocurrió que podría hacerlo Ola Gädda.

—Entonces, Folke — decidió la abuela.

Folke miró a Kaja con cara de broma y empezó así:

—Una vez había una chica delgada como un palo. Vino al sur desde el norte. Tenía el pelo negro, los ojos grises y una boca... verde, iba a decir, pero no; en realidad, su boca era roja. Pues bien, esta chica se adornaba con una rosa tan grande como ella misma. Nunca has visto cosa igual, Ellen. La rosa del Polo Norte, también, y yo supongo que allí todas la flores son muy grandes.

—¡Cállate, Folke, no digas tonterías! — interrumpió Kaja —. Yo no soy un palo, pero tú eres gordo como un salchichón, y eso es peor.

—¡Muy merecido, Folke! — dijo la abuela.

—¿Salchichón? — replicó Folke —. Bueno. Los salchichones son muy ricos. Cuando haya bajado un poco más aquella exquisita anguila asada, iré a buscar un pedazo de salchichón y lo comeré con pan y mantequilla. Pero yo no he dicho que tú fueras la chica del cuento. ¿Te crees que no hay otras chicas guapas en el mundo?

—Sigue con el cuento — interrumpió Pelle.

—Bueno. Pues esta chica era muy amiga de los animales: perros y gatos y rinocerontes y gorilas y cuclillos y hormigas rojas y mosquitos y avispas y caracoles y...

—¡Mentira! —interrumpió Kaja.

—Pero quería mucho menos a las personas —prosiguió Folke—, sobre todo si eran gordas como salchichones y tenían escopetas colgadas en las paredes.

—Eso es verdad —asintió Kaja.

—Pero había una persona que estaba gorda como un salchichón y tenía escopetas en la pared que sin embargo quería mucho a aquella chica flaca, a pesar de que se había asustado al ver su rosa artificial.

—¡Oh, qué cuento más tonto! —protestó Kaja, con enfado—. ¡Déjate de mi rosa!

—Folke —intervino la abuela en favor de Kaja—, ya sabes que fue un regalo de su mejor amiga.

—Pues, como iba diciendo, la quería mucho, y cuanto más se enfadaba, más le gustaba, porque le parecía bien que las chicas fueran un poco presumidas. Pensaba, además, que cuando hubieran pasado siete años, cansado de comer mucho, perdería el apetito y se pondría también tan seco como un palo. Entonces le diría que él no había disparado un solo tiro con aquellas armas que estaban colgadas en la pared desde los tiempos de su padre, y que su padre y sus dos abuelos y sus tres hermanos habían sido grandes cazadores, pero que él nunca...

—¡Oh! —exclamó Kaja—. ¿Es verdad que...?

—Porque a aquel tipo gordo le gustaban los animales tanto como a la chica flaca. No..., esto no es enteramente la verdad. Hacía excepción de los moscardones y los mosquitos, y de todos aquellos bichos que estropean las cosechas. La verdad hay que decirla.

—¿Es cierto, abuela? — preguntó Kaja.

—A Folke le gusta bromear a veces, pero nunca dice mentiras — aseguró la abuela.

—¿Lo ves? — continuó Folke —. Bueno, pues el tipo gordo pensaba que un día se casaría con aquella flaquita y que vivirían felices.

—¿En Stubbagarden? — preguntó Ellen, que seguía el cuento con gran interés —. ¡Oh, Folke Bengtsson!, ¿no preferirías casarte conmigo?

—¡Cállate, niña! — ordenó Stig, muy colorado.

Ola Gädda se movía nervioso en su silla, y Folke contestó:

—Lo pensaré. Ya veremos lo que ocurre en siete años, porque el cuclillo dijo, desde luego, que no me casaría hasta entonces.

Ellen, con los dedos, calculó la edad que tendría pasados siete años, y dijo tras un suspiro:

—¡Tendrá que ser Kaja!

—Basta de tonterías — intervino Kaja —. Dentro de siete años me casaré con un médico de esos que viven en las selvas, de modo que puedes quedarte con Folke, Ellen. Y ahora sería mejor que la abuela nos contara un cuento de verdad porque éste de Folke no vale nada.

—Bien — aceptó la abuela —; ¿y de qué queréis que trate?

—Que lo diga Ellen, porque a ella la mordió la culebra — propuso Pelle.

—Pues que lo diga.

—Me gustaría un cuento de culebras — dijo en seguida.

—¿No tienes bastante con lo de hoy? — preguntó sorprendida la abuela.

—No.

—Cuando yo era pequeño contabas un cuento de la hija del rey de las culebras — recordó Folke.

—Es verdad — afirmó la abuela, pensativa —. Me parece que todavía lo recuerdo.

—Empieza, abuela — rogó Pelle, tras arrodillarse en la alfombra y apoyar la barbilla en las rodillas de la abuela, a quien miraba con los ojos muy abiertos.

—Empezaré, pero mientras lo cuente he de tener algo entre manos. Tráeme mi labor de punto, Kaja. Ocurrió hace mucho tiempo, por lo menos cien años, aunque en realidad no estoy muy segura de si ocurrió alguna vez. Puede ser también que sea sólo un cuento de viejas.

—No importa. Cuéntelo — rogó Ellen.

XIII

LA HIJA DEL REY DE LAS CULEBRAS

Había una vez en Stenestad una granja llamada Beckagarden — comenzó la abuela —. Pero eran tiempos de hambre en Skane, y un día el granjero la abandonó y se marchó con su mujer y su hijo a Dinamarca. Los campos de la granja empezaron pronto a cubrirse de mala yerba y los edificios a arruinarse. Los murciélagos y las arañas invadieron la casa y las ratas y los ratones comenzaron a minarla. Había muchas víboras en el bosque próximo, sobre todo alrededor de Snuve Hallar.

—¡Oh! — exclamó Kaja.

—El que quiera a las culebras, verdaderamente ha de ser muy amante de los animales — interrumpió Folke, girando los ojos.

—Mordían a la gente cuando iba en busca de bayas, y los más viejos decían que el rey de las víboras vivía allí, en un cascajar.

—Sería el que me mordió a mí — dijo Ellen.

Y cuando las ratas y los ratones se posesionaron de la granja desierta, las culebras fueron tras ellos, porque les gusta comer aquellos animales.

—También comen escuerzos — aseguró Ellen—. Mamá vio una vez una culebra comer uno vivo.

(Kaja y Pelle preguntaron entonces qué era un escuerzo, y Folke les contestó que una mezcla de culebra y elefante, pero la abuela les explicó que era un sapo.)

—Pasaron los años y las culebras se apoderaron por entero de la casa en ruinas. Nadie se atrevía a entrar, y si alguien tenía que pasar por allí, daba un rodeo para evitarlo. Hasta que un día, muchos años después, llegó un coche tirado por un caballo. Dentro iban una anciana y un joven. Al pasar el coche por el pueblo de Stenestad, dos de sus viejos habitantes reconocieron a la anciana: era la antigua propietaria de Beckagarden. Sentía tantos deseos de volver que no había podido resistir más. Su marido había muerto, y los hijos mayores estaban casados en Dinamarca, pero el más pequeño, Johannes, la había acompañado a través del mar para volver a la vieja Beckagarden.

Encontraron la casa tan derruida que las ortigas crecían entre las baldosas y la lluvia entraba por los techos. Y no hay que decir el daño que habían hecho los ratones.

—¡Menos mal! Por ahora estamos mejor en la nuestra — interrumpió Ellen—. Es muy bonita.

—Sí — afirmó la abuela—. Klovatorp es muy bonito.

(Ola Gädda no dijo nada, aunque le había complacido la observación.)

Pero Johannes era muy trabajador, no descansaba de la mañana a la noche para poner las cosas en orden. Y así, cortó árboles para renovar los suelos, rehízo la cocina, arregló las paredes y el tejado...

—¿Era de paja? — preguntó Pelle.

—Sí que lo era, y los murciélagos que estaban debajo de él tuvieron que salir a la luz del día. Y cuando empezó a levantar las tablas podridas del suelo, apareció un verdadero enjambre de víboras que huyeron silbando por la puerta.

Su madre, que en aquel momento estaba delante, dio un grito y dijo: "Johannes, ¿no viste una culebra con una corona en la cabeza? Debía de ser el rey de las víboras".

Johannes no daba mucha fe a lo que su madre creía haber visto, y además pensaba que aquello de que las víboras tenían rey era una fantasía.

—¿Y no lo es? — preguntó Pelle.

—Lo que no debes olvidar es que lo que voy diciendo es sólo un cuento. Pues bien, Johannes contestó a su madre: "Entonces más vale que nos libremos pronto de él", y cogiendo el asador golpeó el suelo con tal fuerza que rompió las viejas baldosas. La anciana se asustó un poco y advirtió a su hijo: "Tenemos que andar con cuidado; se vengarán de nosotros por haberlas echado". Johannes replicó que los intrusos eran las culebras y no ellos. Entonces, por pura casualidad observó que algo brillaba en el suelo y al inclinarse para recogerlo vio que era un anillo de plata muy blanca y comprobó que sólo podía ponerlo en el dedo meñique. Por uno de los lados era liso y redondo, pero en cambio en el otro sobresalían unas puntas muy pequeñas.

—Johannes, hijo, tíralo a las culebras — suplicó la madre. Y añadió: "No es un anillo, es una corona. Será de uno de los hijos del rey de las culebras, y si lo guardamos no nos dejarán en paz".

Pero Johannes no hizo caso. Le parecía que tanto podía ser un anillo como una corona e imaginaba que podría traerles buena suerte. Porque en Källegarden había una chica llamada Boel en quien Johannes pensaba siempre desde que la vio por primera vez en la iglesia. Era bella, dulce y diligente en su trabajo, y le parecía que no lo miraba con malos ojos tampoco. Le gustaría casarse con ella en cuanto tuviera la granja en marcha, y ahora pensaba ir a pedir su mano y ponerle aquel anillo, para que no se le adelantara nadie.

Y así, terminado el trabajo del día, se fue a Källegarden e hizo su proposición. Tanto la chica como sus padres estaban encantados porque Johannes había ganado gran fama de trabajador en la parroquia. Por con-

siguiente, Boel aceptó el anillo y prometió ser su esposa.

—¡Vaya! —interrumpió Pelle—. Otro cuento para chicas.

—Pues si no quieres escucharlo, puedes ir a la cama —propuso la abuela.

(Pero no aceptó y siguió atento el relato.)

Al contemplar el anillo, Boel dijo: "Es muy bonito. Es casi como la corona de una princesa pequeñita. Pero no era necesario que me lo dieras, Johannes, porque de todos modos había de prometer casarme contigo".

A continuación se lo puso, y nada más hacerlo empezó a notar un frío terrible en el dedo. Al principio pensó que le pasaría después de llevarlo un rato, pero lejos de ello, el frío se extendía por toda la mano, lo mismo que cuando limpiaba arenques helados en invierno, e incluso parecía subir por el brazo y llegar hasta el mismo corazón.

Serán imaginaciones, pensó, y siguió hablando muy contenta y cariñosa con Johannes, de tal manera que cuando éste emprendió la vuelta a través de los bosques iba tan jubiloso que podría haber confundido las copas de los árboles con sus raíces.

Pero al aproximarse a su casa, le aguardaba una sorpresa. Sentada en el escalón de la puerta, una joven lloraba silenciosamente. Movía la cabeza hacia delante y hacia atrás y las lágrimas que corrían por sus mejillas brillaban como diamantes a la luz de la luna. Al preguntarle Johannes la causa de su llanto, respondió que su nombre era Sisela y que lloraba porque había perdido su casa y lo que más quería en el mundo. Y añadió que no sabía qué hacer.

Johannes pensó que la joven hablaba de sus padres, y le dijo que si sabía hacer los trabajos de la casa, tal vez podría quedarse algún tiempo con ellos para ayudar a su anciana madre. Sisela se puso en pie, hizo grandes reverencias y le dio las gracias con gran humildad, asegurando que haría su trabajo lo mejor que pudiera. Pero su voz era un susurro muy difícil de comprender, por lo que Johannes le rogó: "Habla más alto, que no te oigo. ¿No sabes aquello que dicen de que quien habla bajo es un mentiroso?"

Entonces ella, moviendo la cabeza como una flor agitada por el viento, murmuró que había nacido sin voz. "Pobrecita", la compadeció Johannes. "Así no podrás cantar cuando trabajas, como hace mi Boel". Y mientras la miraba, pensó que era hermosa, aunque de una hermosura extraña, y advirtió que nunca había visto mo-

verse a nadie con tanta gracia; aun las mismas chicas de Stenestad parecían ordinarias y toscas a su lado. La presentó a su madre y ésta, encantada de tener quien la ayudara, decidió que se quedara en casa.

Dormía en un rincón cerca de la chimenea y se levantaba mucho antes que ellos. Hacía todos los trabajos con rapidez y en silencio. Apenas se le mandaba hacer algo, y ya estaba hecho. Pero a pesar de todo, la madre de Johannes no se sentía atraída por la joven.

"En vez de hablar como un ser humano, silba como una culebra", decía la anciana a su hijo. "Ha pedido comer sola, junto al fuego, pero nunca la he visto meter nada en la boca. Se arrastra por los rincones y mira por todas las rendijas como si buscara algo que robar".

Johannes no hacía caso de las observaciones de su madre. Infatigable, reconstruía y clavaba; puso cristales nuevos en las ventanas, blanqueó la nueva cocina... Pero mientras trabajaba no perdía de vista a Sisela. Sus visitas a Källegarden eran cada vez menos frecuentes, y cuando iba regresaba pronto.

Una noche soñó que Sisela le pedía con lágrimas el anillo que había regalado a Boel. Johannes se enfadó mucho, y a la mañana siguiente le pareció que tenía ojos de culebra y le habló con dureza, pero cuando la vio apartarse llorando sintió lástima de ella. Las reflexiones sobre Sisela, perturbaban el quehacer de Johannes, y a causa de ellas, muchas veces dejaba sus trabajos sin concluir.

A todo esto, en Källegarden la salud de Boel iba de mal en peor y había llegado a un punto peligroso. La madre no se alejaba de la cabecera de la cama ni de día ni de noche. La muchacha tenía mucha fiebre, y ni con piedras calientes ni con botellas de agua hirviendo había manera de evitar que tiritara a todas horas. Fue Johannes a verla y no lo conocía, y cuando le dijo: "Soy yo, Johannes", ella habló así: "Estás completamente cambiado. Si has cambiado de idea también, llévate tu anillo". Pero él rehusó con estas palabras: "Yo mantengo mi promesa. Cuando estés bien, que tu madre prepare las cosas para la boda". Y seguidamente se marchó.

A pesar de estas seguridades, Boel no podía dominar el llanto porque Johannes hablaba de un modo raro y frío. Y en cuanto la madre salió del cuarto para calentar piedras, se levantó temblando y se vistió. Luego se puso en camino casi a rastras, y de esta manera consiguió llegar a Beckagarden. Tardó mucho, claro está, y aunque la noche era de verano y calurosa, la acometían temblores como en pleno invierno.

Johannes no había vuelto directamente a casa. Paseaba por los bosques y aún estaba fuera al presentarse Boel. Lo primero que ésta vio fue a Sisela, que lloraba sentada en el escalón. Boel le preguntó quién era y por qué lloraba, pero no quiso contestarle. En vista de ello, le dijo: "Apártate y déjame entrar a hablar con Johannes". Como un leve susurro le llegó la voz de la desconocida: "Aún no ha llegado. Ha ido a ver a su novia". Y dicho esto reanudó su llanto.

Entonces dijo Boel: "Si lloras por mí, ya puedes secarte las lágrimas. Si tú eres la causa de la indiferencia de Johannes, puede tomarte a ti y dejarme a mí".

Apenas dicho esto, apareció Johannes, que salía del bosque. Al reconocer a Boel se horrorizó: "Pero ¿es que quieres matarte viniendo desde tan lejos y tan enferma?" "Aunque me cueste la vida, no importa", le contestó. "He venido a devolverte la libertad. Toma tu anillo."

"¡Estás loca!", exclamó Johannes. "¡Estás enferma y no sabes lo que haces! ¡Vuelve en seguida a la cama!"

Boel, sin hacer caso de estas palabras, quitó el anillo del dedo y se lo ofreció. Johannes no quiso cogerlo, pero cuando Sisela lo vio brillar a la luz de la luna, se alzó de un salto y se lo arrebató de la mano, al tiempo que con un susurro que más bien parecía un silbido exclamaba: "¡Mi corona!"

Desapareció como un relámpago, pero alcanzaron a ver que una fina y corta culebra, con una corona de plata en la cabeza, se deslizaba por la hierba, camino de Snuve Hallar.

Y mientras Johannes y Boel la miraban asombrados, el frío desaparecía del cuerpo helado de Boel y su corazón recobraba el calor, un calor como el que produce el fuego de haya.

"Sisela era una culebra", exclamó Johannes estremecido.

"La hija del rey de las culebras", afirmó Boel. "Johannes, me encuentro perfectamente otra vez".

"¡Y yo también!", añadió Johannes.

Cogió a Boel por la mano, y sonriéndole con todo su corazón, le dijo: "Ven, vamos a ver a mi madre".

XIV

HORSAPETTER Y LA FIERA DE KONGA

La abuela hizo una pausa.

—Y vivieron muy felices hasta su muerte, y fueron enterrados en el cementerio de Stenestad, ¿verdad, madre? — dijo Folke.

—Es posible, aunque no hay que olvidar que se trata de una leyenda, y nunca es fácil saber lo que hay de verdad en cualquier leyenda. En las lápidas figuran desde luego muchos Johannes y Boels. ¿Quién sabe? Pero me parece que Ellen tiene sueño.

—No, no tengo sueño. Cerraba los ojos y pensaba en Sisela. Me gustaría tener una corona de plata como la suya.

En aquel momento se levantó Ola Gädda, echó mano a su monedero, extrajo de él una brillante moneda de una corona y la ofreció a Ellen:

—Esto también es plata, y es una corona.

—Madre dice que no debemos coger dinero de personas desconocidas — advirtió Ellen.

—Pero el abuelo no es un desconocido — replicó el viejo.

Entonces la aceptó y se puso a jugar con ella en la cama.

—Abuela — intervino Pelle —. No me parece justo que nunca se expliquen cuentos de niños.

—Otro día — prometió la abuela.

—Sí, sí... También Mans, el techador, dijo que otro día, pero no volvió a contar nada más — protestó Pelle.

Y con gran sorpresa de todos, oyeron decir a Ola Gädda, en voz muy baja, que él sabía un cuento, el de Horsapetter, y que si no lo conocían intentaría contarlo. Lo malo era que tal vez los jóvenes del norte no lo entenderían, porque él hablaba a la manera antigua de la gente del sur.

Tal inconveniente lo resolvió la abuela con la promesa de explicar a Kaja y a Pelle lo que no comprendieran. Añadió que en su niñez había oído hablar de Horsapetter, pero que no recordaba apenas nada, de modo que le gustaría oír otra vez aquel cuento.

Y Ola Gädda lo contó. Se trataba de un chico llamado Petter. Era tan menudo que a pesar de sus trece años no abultaba más que Pelle. Trabajaba en una granja de Grönhult y había aprendido a cuidar los caballos. Un día el barón de Dragesholm lo vio llevarlos al pasto montado en uno de ellos. Inmediatamente se encaminó a Grönhult y dijo: "Aquel chico conduce con mucha maña los caballos. Me gustaría tenerlo en Dragesholm." Y de esta manera pasó Petter a servir al barón, pero los otros criados de la casa se reían de él, por lo pequeño que era y porque tenía las piernas un poco torcidas.

Sin embargo, pronto se dieron cuenta de que era muy diestro con los caballos. Los almohazaba muy bien, y sabía domarlos y enseñarles lo que todo caballo debe aprender. Por todo esto empezaron a llamarle Horsapetter.

El barón se encariñó tanto con Petter, que sólo a él e estaba permitido cuidar un caballo nuevo que había traído de Inglaterra. Era joven y muy bravo y al barón se le hacía difícil domarlo. Cuando se le acercaba alguno de los otros mozos de la caballeriza, la emprendía a coces y mordiscos. En cambio, con Petter era manso como un cordero. No es de extrañar, pues, que todos los mozos estuvieran celosos del afecto que tanto el barón como el caballo sentían por Petter ni que, por consiguiente, trataran de molestarle; pero a Petter no le importaba esto y no pensaba en otra cosa que en sus caballos.

En aquellos tiempos abundaba mucho en Söderasen ese animal llamado ante, mucho más que ahora, y entre ellos había uno muy grande y salvaje que hacía mucho daño en la región. Iba de una parte a otra y era el terror de la serranía, porque lo mismo atacaba a las personas que a los animales. Contra él no valían vallas, tapias ni puertas.

Estropeaba campos, huertos y repoblaciones de bosques, y aunque se habían organizado muchas cacerías para darle muerte, nunca había sido alcanzado por una bala, y era porque al ver sus temibles astas y la enorme joroba que se alzaba tras su cuello, a los cazadores les temblaba el pulso y no podían apuntar bien. Contaban que un cazador muy famoso en la isla de Konga se había asustado tanto al ver al animal que acabó por encaramarse a un roble, donde pasó un día entero, con el ante al pie del árbol. Después de este episodio, al animal se le conocía por el nombre de la Fiera de Konga.

La Fiera de Konga había asolado también la finca de Dragesholm, y un día el barón se acercó a los establos, habló de ello a los mozos y prometió una buena recompensa a quien fuera capaz de capturarla. Entonces y de manera burlesca, uno de los hombres dijo que como Horsapetter era muy listo y muy corpulento podría matar fácilmente a la fiera, y otro añadió en el mismo tono que por su mucha maña con los animales, Petter podría someter al ante y domarlo. "Ya verá el señor barón", concluyó, "cómo se nos presenta un día montado en la Fiera de Konga".

Al barón no le gustaron estas burlas y dijo muy enfadado que la inteligencia de Horsapetter compensaba la pequeñez de su cuerpo y que valía él más que todos los mozos de cuadra juntos. Por consiguiente, mejor era que lo dejaran en paz.

Esta reprimenda, como puede comprenderse, no les hizo ninguna gracia, y cuando poco después apareció Horsapetter para llevar los caballos a beber en el estanque, le hicieron una zancadilla y dieron con él en el agua. Pudo salir, pero por la noche le echaron de la casa en que vivía con todos los criados, diciéndole que era una vivienda demasiado pobre para él y que se fuera en busca de un alojamiento más elegante.

De momento pensó ir a dormir al prado, con los caballos. La posesión tenía un huerto muy bueno, en uno de cuyos extremos había algo que el barón apreciaba mucho: una plantación de manzanos de la China, protegidos con una valla dos veces más alta y fuerte que las otras. Pues bien, al encaminarse al prado, Horsapetter

pasó a lo largo de aquel huerto. Concluía ya la primavera y los capullos brotaban. Y en el preciso momento en que llegaba a la plantación, alzó la vista y vio que una bestia enorme tendía la cabeza por encima de la valla y trataba de alcanzar la rama de uno de los manzanos de la China. Se acercó un poco más con mucho sigilo y entonces se dio cuenta de que estaba frente a la Fiera de Konga, pues no existía en toda la región otro animal tan grande. Permaneció escondido viendo los esfuerzos del ante por alcanzar la rama del manzano. Hubo un momento en que, por lo inútil de sus intentos, retrocedió y tomó carrerilla para saltar la valla, pero era demasiado alta. En vista de ello, empezó a embestir con intención de romperla, pero la valla resistía todas sus arremetidas. Insistió una y otra vez y se le engancharon las astas en las maderas y no las podía sacar.

Saltó Horsapetter la valla, cogió algunas de las codiciadas ramitas y se acercó a la parte en que forcejeaba el ante. Inmediatamente y con mucho cuidado le liberó las mohosas astas, pero el animal estaba furioso y trató de acometerle a través de la valla, con lo cual volvieron a enredársele las astas. Entonces Horsapetter le habló con voz suave y conciliadora recomendándole que fuera bueno. Volvió a liberarle las astas, y antes de que tuviera tiempo de reanudar sus ataques, le puso una ramita debajo del morro. El animal resopló colérico, pero a pesar de ello la cogió y se puso a mascarla. Cuando hubo concluido, le dio otra y otra, y otra..., y al mismo tiempo le hablaba como a los caballos. Por último, se aventuró a acariciarle el morro. El ante, al principio cauteloso, iba ganando confianza y acabó por olfatear de manera amistosa la mano de Petter. Éste le dijo: "No, por hoy no hay más". Y aunque parezca extraño, el ante obedeció con mansedumbre y se fue. Volvió Petter a saltar la valla y se fue a dormir al prado.

A la mañana siguiente, cuando Petter sacó a pasear, como todos los días, el caballo del barón, los otros mozos ya estaban metidos en su trabajo, pero con el oído alerta porque querían ver si era un soplón y contaba al amo que lo habían echado de la casa. Lejos de ello, oyeron que Petter decía: "Señor barón, ¿qué me dará si un día subo las escaleras de Dragesholm montado en la Fiera de Konga?"

El barón se echó a reír, y lo mismo hicieron los mozos, aunque de peor gana.

Y el barón le contestó: "Querido Horsapetter; el día que seas capaz de hacer eso, podrás pedirme lo que quieras de mis fincas y posesiones."

"Pues entonces quisiera sus manzanos de la China", propuso Petter".

"¡Eres atrevidillo, muchacho!", exclamó con grandes carcajadas el barón. "Mis manzanos son la mayor rareza de Dragesholm. En fin, te los prometo, y aún más. Puedo prometerte, sin temor alguno, toda la finca, porque estoy seguro de que la Fiera de Konga no permitirá que tú ni nadie se monte en sus lomos".

"Me basta con los manzanos", concluyó Horsapetter. "Pal y Lars Anders son testigos del trato".

Por la noche fue de nuevo a la plantación, y no tardó en aparecer el ante. Y ocurrió algo muy parecido a lo de la noche anterior. Petter le dio ramitas, le acarició el morro y le habló. Al principio, si concluida una ramita no recibía en seguida otra, el ante se impacientaba y se disponía a embestir. Pero Petter no tardó mucho en saltar la valla y echar un brazo al cuello del ante mientras comía las ramitas en su mano.

Avanzaba el verano y el ante, cada vez más manso, acudía todas las noches a su entrevista con Petter. En más de una ocasión, Petter intentó darle ramitas de otros árboles, pero siempre las rechazaba sacudiendo la cabeza con disgusto.

Finalmente, una de las últimas noches de agosto, Petter se aventuró a alzar una pierna sobre el cuello del ante, y de un salto se vio montado en él.

El ante empezó a sacudir la cabeza y a dar patadas y resoplidos, y no pudiendo descargarse de su jinete, se lanzó hacia el bosque. Asido fuertemente a las astas, Petter le hablaba con suavidad, según su costumbre. Pero el animal corría veloz por encima de setos y muros de piedra. Cuando llegaron a Magleröd, empezó a dar muestras de cansancio y a calmarse. Había sido muy larga la carrera a través de bosques y caminos. Al alcanzar las laderas de Sjöbo, la Fiera de Konga caminaba a paso lento, como un caballo cualquiera. Por último, cuando llegaron a Munkabo, el ante y su jinete estaban completamente de acuerdo. Entonces Petter, sin descender de él, emprendió el regreso a Dragesholm, y se apeó junto a la plantación de manzanos de la China. El ante estaba tan cansado que nada más tenderse en el suelo quedó dormido.

Acto seguido, cogió Petter una gran brazada de ramitas de los manzanos y empezó a hincarlas en el suelo, una a una y separadas por la misma distancia. Cuando se le acabaron, cortó más y las dispuso de la misma manera, y esto se repitió hasta concluir de plantar una pequeña avenida de ramitas que iba desde donde dormía el ante hasta la ventana del dormitorio del barón. Hecho esto, Petter se acostó al lado del ante y durmieron juntos hasta la salida del sol. Nada más despertar el ante empezó a dar a Petter con el morro, con lo cual indicaba que quería comida.

Despertó Petter y condujo al ante hasta la primera de las ramitas que había hincado en tierra, y mientras la comía se asió a un asta y se encaramó al cuello del animal. Tras la primera ramita comió la segunda, y así, pasando de una a otra, llegó hasta el pie de la ventana del barón. Entonces Petter cogió una manzana verde de una de las ramitas y las arrojó a la ventana, al mismo tiempo que decía a grandes voces: "¡Aquí estoy con la Fiera de Konga, señor barón!"

Oyó el barón el ruido y las voces, y medio adormilado todavía y con su gorro de dormir, se asomó a la

ventana. Al ver al chico montado en el ante no daba crédito a sus ojos, y se puso a frotarlos para convencerse de que no estaba soñando. Y cuando Petter repitió sus voces: "¡Aquí estoy con la Fiera de Konga!", el barón se convenció de que no era un sueño. Miraba perplejo, hasta que de pronto se echó a reír tan estrepitosamente que despertó a cuantos dormían. Todas las ventanas se abrieron y desde la casita llegaron los mozos en mangas de camisa para ver lo que pasaba.

El ante, mientras tanto, seguía dócilmente las indicaciones de Petter, y así, siempre con él encima, dio la vuelta a la casa, entre el estupor del barón y la baronesa y de las señoritas y criadas, que asomadas a las ventanas exclamaban: "¡Habéis visto! ¡Horsapetter montado en la Fiera de Konga!"

Cuando hubo concluido la vuelta, Petter encaminó el ante hacia los mozos de las caballerizas, que formando un grupo lo miraban boquiabiertos. Detrás de ellos estaba el estanque en que un día habían arrojado a Petter. Y antes de que tuvieran tiempo de cerrar la boca, la Fiera de Konga los prendió uno por uno con sus astas y los lanzó al agua, donde muy asustados se pusieron a chapotear y a dar voces: "¡Ay, ay!... ¡Que nos ahogamos!..."

El barón presenciaba la escena muerto de risa y les decía: "¡Un niño de seis años sería capaz de tenerse en pie en ese estanque sin ahogarse!"

Avergonzados, y con el pelo lleno de barro y algas, salieron a cuatro pies por el otro lado y se escabulleron hacia la casita, mientras el barón y todos los otros reían a más no poder.

Cuando por fin lograron callarse, el barón dijo a su joven sirviente: "Bueno, Petter, ¿qué quieres por este trabajo?"

"Los manzanos de la China", respondió el muchacho sin vacilar.

"¡Válgame Dios!", exclamó el barón. "Los manzanos de la China son mi orgullo y las niñas de mis ojos. Pero, en fin, te los prometí ante testigos y no tengo más remedio que dártelos".

"No queda mucho de ellos", dijo Petter. "Los tomé por adelantado y la Fiera de Konga se los ha comido casi."

Y a continuación contó con todo detalle lo sucedido.

El barón se lamentó porque le parecía muy duro sacrificar sus queridos arbolitos a la voracidad de un ante. Pero Petter le consoló diciendo: "A fin de cuentas, el señor barón ha tenido suerte, pues podía haberle pedido todo Dragesholm, que me había ofrecido".

Al oír esto, la baronesa preguntó sorprendida: "¿Qué es eso que dice? ¿Es posible que le prometieras todo Dragesholm?"

"Así es", respondió el barón. "Estuve a punto de prometérselo, porque ¿cómo iba a imaginar que podría hacerse con un corcel como éste? En realidad, yo tendría que ir en seguida en busca de la escopeta que reservo para los antes, pero la dejaremos, pues nunca he dado muerte a un corcel. Sin embargo, Petter, conviene que lleves ahora lo más lejos posible a la Fiera de Konga, y cuando estés de vuelta miraremos, dejando aparte Dragesholm, lo que podremos regalarte".

Pero Petter alegó que había conseguido sus propósitos y que el ante ya no era peligroso, y que el ataque a los mozos había sido a incitación suya, para castigarlos. El barón replicó que de ningún modo quería tener cerca el ante, ni verlo estropear bosques y cosechas. "Llévatelo muy lejos de Söderasen", concluyó; "si no, tendré que ir en busca de mi escopeta".

"Pues si el ante ha de marchar, nadie verá más por aquí a Horsapetter", replicó el muchacho muy resuelto. Y sin decir una palabra más emprendió la marcha sobre su extraordinario corcel. Fueron muchos los que lo vieron partir, y otros lo encontraron por los caminos y lo contaron después.

El barón no podía creer que Petter hablara en serio, y esperó un día tras otro, pero lo cierto es que nunca volvió a saberse nada de él. Algunos suponían que estaba en Holanda, pues llegaron rumores de que andaba por allí un ante enorme; otros aseguraron haberlo divisado en una altura, cerca de Kopparhatten; hubo quien afirmó haberlo visto hacia Rävahallen. Finalmente, un viejo soldado contó que un chico montado en un ante se había presentado un día al oficial de reclutamiento de Bonnarpshed y que había preguntado si podrían alistarse los dos, a lo que, claro está, no accedió el oficial. Esto último eran muy pocos los que lo creían.

Lo único que queda todavía de tal historia es una frase que usan muchos y que reza así: "Aquí estoy con la Fiera de Konga", dijo Horsapetter.

—Bueno, Pelle — comentó Kaja al terminar Ola Gädda su relato —; ¡me parece que este no es un cuento de niñas!

—No; es de chicos, de chicos de verdad — afirmó Pelle encantado —. Gracias, querido tío Gädda.

—Ya ves, al fin has tenido tres cuentos en vez de uno — intervino la abuela.

—El del abuelo fue el mejor — aseguró Ellen.

Al oír esto, no fue una sonrisa lo que se vio en Ola Gädda, sino una risa en la que intervino toda su cara.

—Bien, pero no hay que mimar demasiado a la niña — recomendó la abuela a Ola Gädda —. No te olvides de que tienes otros nietos en Klovatorp.

—Tú te ocuparás de que no me olvide, Stig.

—Desde luego — dijo el chico.

—Y ahora tendremos que irnos todos a la cama — dispuso la abuela.

—Yo haré antes un bocadillo de salchichas porque se lo prometí a Kaja — anunció Folke.

—Me parece que tendré que cerrar la despensa con llave... — repuso la abuela, que había dado ya más de un bostezo sobre su trabajo de punto.

—Buenas noches a todos, y muy agradecido — se despidió el abuelo.

—¡Oh, qué simpático es mi abuelito! — exclamó Ellen.

—Ahora a dormir, niña — ordenó Stig. Y tras dar las buenas noches se fue.

Pelle tenía tanto sueño, que estuvo a punto de caerse por la escalera al subir hacia la buhardilla. Gracias a que Kaja lo ayudó a llegar a la cama y luego le quitó los zapatos y la ropa...

XV

LO QUE SUCEDIÓ EN LA CUEVA DE IGNABERGA

¡Qué pronto pasa un verano! Las frambuesas se habían concluido y las últimas zarzamoras no tardarían en desaparecer. Los arándanos empezaban a ponerse rojos por el lado en que recibían el sol. Había dejado de oírse el ruido de la trilladora.

Stig ya no ocupaba el cuarto de los arreos. Él y su abuelo Ola Gädda habitaban de nuevo en Klovatorp.

Decididamente, Kaja se quedaría en Stubbagarden. Al saberlo lloraba de alegría, y entre abrazos a la abuela suplicó:

—¡Oh, abuela, no te mueras ni me dejes nunca!

La abuela estaba tan contenta como ella, y también Folke, aunque a veces riñera con la pequeña. Kaja cantaba y gorjeaba todo el día y había dejado de llorar en la cama, como hacía antes, cuando creía a Pelle dormido.

"Garras de Tigre" y "Naricita Rosa" habían crecido pronto lo suficiente para ir con sus madres a cazar ratones. Las gallinas ponían mucho, y "Lubbe" respetaba

tanto el gallinero que si a un zorro se le ocurriese, podría entrar en él sin dificultades. Pero no daba señales de vida el zorro "Reinaldo", y en el supuesto de que un día se presentara, siempre estaría "Amelie" para dar la alarma.

Cuando los arándanos estuvieron maduros, Kaja empezó a ir a la escuela, y un día volvió diciendo que, en el recreo, sus compañeras habían insultado a Ellen.

—Me parece — dijo la abuela al oírla — que tendrás que ocuparte especialmente de Ellen y ser amable con ella; de este modo, tal vez cambien de conducta.

Al día siguiente, al salir al recreo, Kaja pasó un brazo por el hombro de Ellen y pasearon juntas por el patio mientras hablaban de la mordedura de la víbora y de Ola Gädda, de la enorme anguila y de todos los cuentos que habían oído. Los otros niños no salían de su asombro al ver que Kaja abrazaba a una niña así, y más aún cuando les dijo:

—¡Si supierais qué alegre es y cuánto nos divertimos con ella y con Stig el verano pasado!

Después de esto, nada más verlas juntas, un grupo de niños se formaba tras ellas y las seguían. A todos les intrigaba la causa de que se rieran tanto, y cuando supieron que había sido mordida por una víbora, el interés hacia Ellen creció enormemente, mucho más todavía cuando les enseñó las dos pequeñas cicatrices. Y al saber que en relación con este episodio Ola Gädda le había dado una moneda, una de las chicas mayores opinó que de ningún modo habría hecho semejante cosa si la chica fuese una ladrona. Entonces Kaja les contó que Ola Gädda se había enfadado mucho al saber que la insultaban de aquella manera y que además vivía otra vez en Klovatorp.

De este modo iban olvidándose poco a poco los chismes y cuentos acerca de la familia de Klovatorp, hasta que un día al salir al recreo vio Kaja con gran contento que Ellen paseaba cogida del brazo con dos compañeras de clase. El único que a veces decía cosas desagradables era William Nilsson, pero tras una pelea con Stig, a la salida de la escuela, empezó a mostrarse cada vez más manso.

Kaja explicaba todo al volver a casa, y temió que la abuela no aprobara lo de la pelea con Stig, pero en lugar de ello, dijo:

—A tipos como William Nilsson no está mal que les enseñen un poco de educación. Hace tiempo que lo tenía merecido.

También a Pelle le habría gustado ir a la escuela. Muchas veces, por no tener con quien jugar, no sabía qué hacer hasta el regreso de Kaja. Entonces comprendió que mientras estaba siempre a su lado no se había dado cuenta de lo que valía su compañía.

Pero al mismo tiempo llegaron buenas noticias de Estocolmo. Mamá había abandonado el hospital y se encontraba de nuevo en casa. Todavía tendría que descansar y reponerse antes de reanudar los trabajos domésticos y el cuidado de la familia. Por ello, Pelle quedaría aún unas semanas con la abuela. Lo principal era que mamá estaba bien y que la vería pronto, pero no pálida y triste en la cama de un hospital, sino fuerte y feliz como antes, ¡y en casa!

Los días se hacían más cortos y las noches más largas. Los avellanos de la hoz cambiaron su verde en oro pálido, y al llegar la época de recoger su fruto, aparecieron nuevos visitantes en la granja: la hermana de la abuela, que se llamaba Paula, y su marido. Los niños les llamaban tío y tía, lo mismo que Folke. El tío Hakan era vicario de una parroquia próxima a Smaland. Por entonces escribía un libro acerca de antiguas iglesias rurales y sus vicarios. A causa de ello había venido a Söderasen; quería ver las iglesias de Kageröd y Stenested. Y así, habló con el pastor, consultó los archivos, tomó notas y sacó fotografías.

La abuela y Dela estaban encantadas porque podían recordar con tía Paula los tiempos de su niñez, y a la vez tía Paula les ayudaba a preparar las conservas para el invierno y a recoger avellanas. A todas horas se les oía decir: "¿Te acuerdas?", o bien "Acuérdate del tiempo en que..." Kaja y Pelle escuchaban en silencio. Era extraño pensar que aquellas tres personas mayores habían sido alguna vez niñas inquietas e indisciplinadas y que habían hecho mil travesuras.

Resultaba, por ejemplo, que una vez la abuela las había convencido para bajar al arroyo un jueves a medianoche. Una vez allí, y tras tirar una piedra al agua, había gritado: "¡Hada del bosque y del arroyo, concédeme un don mágico!" La abuela les había asegurado que una figura blanca y transparente saldría del agua y les ofrecería un tesoro precioso. Pero mientras Paula y Dela repetían temblorosas la invocación, la abuela, escondida tras una roca, batía violentamente el agua con un junco. Entonces, las otras dos, muertas de miedo, huyeron a casa diciendo que acababan de ver el caballo de agua. Habían creído que el junco era la larga crin del fantástico animal de que tantas veces habían oído hablar.

—Sí, no éramos unas niñas muy buenas — comentó la abuela—. ¿Os acordáis que aquella vez que fuimos de excursión a la cueva de Ignaberga y Nils Assarsson fingió ser un fantasma?

—¡Oh, sí! ¡Qué susto! — contestaron Dela y Paula.

—¿Una cueva? — intervino Kaja. Acabo de leer un libro de Folke que trata de un chico y una chica que se pierden en una cueva.

—Será *Tom Sawyer* — indicó Folke—. ¿De manera que lo encontraste, eh?

—¿No podríamos ir un día a aquella cueva, abuela? — propuso Pelle con entusiasmo.

Entonces Folke dijo que Ignaberga no estaba en Söderasen, sino muy lejos de allí, en Hässleholm.

—¿Y por qué no fuimos cuando estuvimos en Hässleholm? — lamentó Pelle —. Yo nunca he visto una cueva.

—Ni yo tampoco — añadió Kaja.

—Yo estuve en la vieja iglesia de Ignaberga, en busca de datos, hace ya dos años — recordó el vicario, con aire pensativo —. Pero necesito algunos más, y tampoco tengo fotografías de ella. Ya que estoy aquí, ¿por qué no llegarnos hasta Ignaberga? Arreglaremos el viaje y llamaré por teléfono a mi colega para ver si le conviene el domingo después de la misa mayor.

Kaja y Pelle se miraron. No tenían todavía la suficiente confianza con el tío para pedirle que los llevara, pero no pudieron evitar saltar de entusiasmo en sus sillas. Folke se dio cuenta y les guiñó un ojo. Luego propuso:

—¿Y si fuéramos todos de excursión a Ignaberga?

La abuela, Dela y Paula contestaron que ellas eran ya viejas para visitar cuevas y que preferían quedarse en casa y hablar de otros tiempos mientras canturreaba la cafetera, como decía Dela cuando el café empezaba a bullir en el fuego. Y así, se decidió que los niños y Folke acompañaran al vicario.

—Lo que hace falta es que tengáis buen tiempo — dijo la abuela, dirigiendo a través de la ventana su mirada al campo, donde caía la lluvia de otoño.

—Eso no importa porque dentro de la cueva no lloverá —repuso Folke —. Pero ya que habláis de lluvia, y Kaja piensa en *Tom Sawyer*, ¿te acuerdas, madre, de aquella vez que llovió a un lado de casa y al otro no?

La abuela se echó a reír:

—¡Ya lo creo! Y el culpable fue el bribón de Hans.

—¿Mi papá? — preguntó Pelle.

—Sí, tu papá. Era tremendo.

Pelle estaba maravillado, aunque en realidad era más sorprendente imaginar travesuras en la abuela. Se lo explicaron todo.

—Como sabéis — empezó Folke — a Hans le gustaba mucho leer, incluso cuando era muy pequeño y un sábado encontró ese libro de *Tom Sawyer*. Padre lo había comprado en Ängelholm, como motivo de una visita al médico, y a Hans le entusiasmó tanto que se puso a leerlo en la cama y lo hubiera concluido a no ser que padre apagó la luz. Aquella noche nos habían dicho que si no llovía iríamos todos a la iglesia al día siguiente, que era domingo. Nada más despertar, Hans se puso a leerlo en la cama y lo hubiera concluido a no ser que de poder seguir con su apasionante lectura se le ocurrió que nosotros, los tres pequeños, fuéramos al estanque con la cuba de los incendios, le echáramos agua y después la lanzáramos con la manguera contra la ventana de papá para hacerle creer que llovía. Y así lo hicimos. Yo sostenía la manga mientras Erik le daba a la bomba y Torsten rellenaba la cuba con un caldero. Estuvimos un buen rato en aquella faena, hasta que por fin nos descubrieron.

Volvió a reír la abuela y explicó:

—Sí. Papá, en vista de que llovía, se quedó algún tiempo en la cama hasta que presentándose en la cocina me dijo: "¿Cómo es posible que a un lado de casa llueva y al otro no?" "¿Está lloviendo?", pregunté yo; "hace un momento estuve en la cuadra y no llovía". Entonces se puso a reír, y me dijo: "Ven a ver a los fabricantes

de lluvia". Y desde la ventana de la cocina vimos lo que hacían los muy pícaros, sin otra vestimenta que sus camisas de dormir. Pero, claro, olvidaron que había ventanas a los dos lados del cuarto de papá. En conclusión tuvieron que ir a la iglesia. Pero figuraros si Hans estaba entusiasmado con su lectura que llevó *Tom Sawyer* a la iglesia, lo escondió bajo el libro de rezos y siguió leyéndolo allí. Al darse cuenta papá, se lo quitó y no volvió a dárselo en toda la semana, a pesar de sus súplicas. Papá era muy enérgico y no permitía que los chicos fueran desobedientes. ¿Era el libro de la cueva, ese que tú dices, Folke? Lo había olvidado.

—Yo no—dijo Folke—porque Hans lo explicó con todo detalle. Era la recompensa que nos había prometido por hacer llover. Además en cuanto aprendí a leer, lo leí. Y desde entonces he vuelto a leerlo varias veces.

—Cuéntanos lo que pasó en la cueva—suplicó Pelle.

Folke no pudo hacerlo porque una vaca esperaba un ternero y tenía que ir al establo, pero aquella noche, cuando estaban ya en la cama Kaja le explicó que en el libro se explicaban cosas magníficas y a veces terribles, aunque la parte mejor era desde luego la de un chico llamado Tom y una chica de nombre Becky, que se pierden en una cueva y están a punto de morirse de hambre hasta que por fin a los tres días los encuentran.

Por consiguiente, Pelle y Kaja decidieron que en el viaje a la cueva de Ignaberga convendría llevar comida y una linterna, porque nunca se sabe lo que puede ocurrir.

El domingo destinado a la excursión amaneció con buen tiempo. En el maletín de Kaja pusieron muchas galletas y frascos con zumo de arándano, y al llegar al coche para emprender la marcha se encontraron con que "Lubbe" los esperaba sentado dentro. Le gustaba mucho ir en automóvil, y gracias a los ruegos de Kaja le permitieron acompañarlos.

Estrenaba Kaja aquel día un abrigo encarnado hecho por Dela. Cuando lo vio Folke, le dijo con ruidosa admiración:

—Resultas casi demasiado elegante para nosostros. Lo único que te falta es un ojal.

Y a continuación tomó una ramita de las plantas de tomate de la abuela y se la ofreció con una gran reverencia. Kaja comió los dos tomates pequeñitos que tenía la rama, y para acabar de fastidiar a Folke se fue en busca de la vieja rosa artificial y la prendió en el abrigo, sin hacer caso de su mueca de disgusto.

—Cuando volvamos escribiré a Gertrud y le contaré todo lo de la cueva. Le gustará saber que he llevado la rosa conmigo.

—¡Vaya pinta —se burló Folke—. ¿No ves que el color de la rosa no va nada bien con ese abrigo tan bonito?

—A mí me parece muy bien —respondió Kaja, arreglando su rosa, muy aplastada ya.

—¡Déjala! —intervino el vicario riendo—. De todos modos está guapísima.

Kaja lo miró con simpatía y pensó que era encantador; luego lamentó:

—¡Qué lástima que tío Hakan no sea soltero y médico de la selva! Me casaría con él.

—¿Por qué médico de la selva? —preguntó el vicario.

—Porque una vez hablaban en una revista de uno magnífico. Curaba a los negros enfermos, salvaba a sus hijos, que se morían de garrotillo, y llegó a arrancar espinas de la pata de un jaguar. Todos lo adoraban, y también a su mujer Myra, que era muy guapa, alta, de pelo negro y ojos color violeta. Los negros la querían mucho y la llamaban el Ángel Blanco, porque le ayudaba en todas las operaciones.

—¡Vaya! Ahora entiendo —exclamó Folke—. El médico de la selva es lo de menos. Lo que quiere Kaja es ser un ángel. ¡Casi nada!

—¿Llegaremos pronto a la cueva? —preguntó Pelle.

—No tardaremos —respondió Folke—. Pero allá se

ve Dragesholm, ¿te acuerdas?, donde estaba Horsapetter de mozo de caballos.

Y Folke acercó el coche hacia la izquierda para que vieran la hermosa casa señorial con su puente y sus estanques alrededor. Intentaron adivinar cuál sería el estanque en que el ante había arrojado a los mozos maldicientes. Lo que no vieron fue el menor rastro de los manzanos de la China.

—Temo que no resistieran aquel trato tan fuerte de arancarles las ramas — comentó Folke. Habrán desaparecido.

Después siguieron su marcha por Klövabäcken y el oeste de Sönnarsloöv hacia Klippan. Empezó a llover, y bajo un fuerte chaparrón pasaron por Perstorp y Tyringe camino de Hässleholm. Faltaba poco para concluir el viaje.

El amigo de tío Hakan, cubierto con un impermeable, les esperaba junto a la antigua iglesia de Ignaberga. Tomó el tío su máquina fotográfica y su cartera y se fue con él. La cueva no estaba lejos. Folke llevó el coche hacia ella y lo dejó cerca. Inmediatamente ordenó a "Lubbe":

—Los perros no pueden entrar ni en las iglesias ni en las cuevas, de manera que tienes que quedarte aquí, "Lubbe". Como nadie te verá, podrás aprovechar la ocasión y ponerte a tus anchas en el asiento de atrás del coche.

En una cuestecilla situada cerca de la entrada a la cueva, había un grupo de personas con los paraguas abiertos en espera de su turno.

—¿Sabéis una cosa? — dijo Folke —. Yo he estado ya dos veces dentro, y aunque me parece magnífico que ten-

gamos en Suecia cuevas tan buenas como las de *Tom Sawyer* en América, prefiero acompañar al tío Hakan. Tomad. Os doy dinero para la entrada y podéis bajar con aquel grupo. Si llueve al salir, os metéis en el coche o vais a buscarnos allá.

Aún llovía cuando se fue Folke y, en espera del momento de entrar, se refugiaron bajo el enorme paraguas de un anciano amable que se compadeció del abrigo nuevo de Kaja.

La entrada de la cueva no tenía nada de particular. Era como la de una bodega cualquiera, con su puerta de madera y su candado, pero nada más entrar se veían unas escaleras que descendían muy abajo en forma emocionante y tenebrosa.

—Ya vienen — dijo alguien.

Y aparecieron entre las tinieblas diez o doce visitantes conducidos por una señora con una linterna. Entonces llegó el momento de entrar a los que esperaban.

Kaja apretó con fuerza la mano de Pelle. En la otra llevaba el maletín con las galletas y el zumo de arándano. Los niños fueron los últimos. A la cabeza iba la señora de la linterna, que era la mujer del dueño de la cueva. Mientras guiaba a los visitantes por el laberinto de estrechos pasadizos y de anchas salas sostenidas por pilares, explicaba la historia del lugar.

No era natural, sino que su origen había sido una cantera de piedra caliza. Desde que comenzó a excavarse en el siglo XI, y hasta hacía setenta años, no habían cesado de extraer piedra. A lo largo de tantos años de trabajo habían alcanzado una profundidad de nueve metros, y para que no se hundiera el techo sobre aquella maraña de túneles, pasillos y salas habían dejado acá y allá columnas de la propia piedra caliza. El trabajo de picar la piedra lo hacían los hombres, y las mujeres la transportaban en carretillas.

La luz de la linterna danzaba por las abruptas paredes de la cueva y se adentraba por los oscuros pasadizos, tan bajos que para explorarlos sería necesario ir a gatas. Iluminaba también los grandes pilares, algunos tan bellamente esculpidos que podrían servir para una iglesia. Las sombras temblaban en el techo, que en unas partes era alto y abovedado y en otras tan bajo que llegaban a él las cabezas de los visitantes.

—Aquí, a la derecha, hay una zona sin explorar —decía la señora de la linterna—. Se hundió el techo y hay peligro de un desprendimiento; por eso está prohibido el paso. La llamamos la Gran Sala. ¿No es una maravilla con sus columnas y su altísima bóveda? Y ahora pasaremos exactamente debajo de la carretera. Si no hacen ruido oirán los coches, a pesar de que hay por medio nueve metros de tierra.

Pelle estaba muy ocupado encendiendo y apagando su linterna y escudriñando los pasillos laterales. A causa de ello no oía ni la mitad de las preguntas y respuestas de los visitantes y la guía. El aire de la cueva era caliente y seco y le habría gustado detenerse y ver adónde se encaminaban aquellas galerías. Pero todos parecían tener prisa y la propia Kaja le tiraba de la mano para que no quedara atrás.

Finalmente, acabó la visita y salieron al exterior, donde otro grupo esperaba para descender. La lluvia arreciaba y los niños corrieron hacia el coche. "Lubbe" los recibió muy contento y les lamió las manos, porque la soledad le entristecía.

Una vez acomodados en el coche, Kaja abrió el maletín y sacó las galletas y el zumo de frutas. Ya que habían salido bien de la aventura, no era necesario conservar las provisiones. Pero al disponerse a morder una de las galletas tostadas, gritó sobresaltada:

—¡La rosa! ¡He perdido la rosa de Gertrud! ¿Dónde estará?

Buscaron en el coche pero no la encontraron, y abandonando las galletas y el zumo se lanzaron a la lluvia y recorrieron todo el camino hasta la cueva, pero no hallaron rastro de la flor de seda.

—Se me habrá caído en la cueva — gimió Kaja —. ¡Oh! ¿Cómo la encontraré? Gertrud se disgustará mucho cuando sepa que la he perdido.

—Tendremos que entrar otra vez — dijo Pelle muy contento ante la perspectiva de poder ver algo mejor aquellos misteriosos pasadizos laterales.

—¡Si no tenemos dinero! Los niños tienen que pagar veinticinco céntimos.

—Pues iremos a la iglesia y se lo pediremos a Folke — propuso Pelle.

Pero Kaja no esperaba que Folke les diera dinero para buscar la pobre rosa, tan despreciada. Probablemente diría que había sido una suerte perderla.

Y entonces advirtió Pelle:

—¡Mira! La puerta está abierta y nadie nos verá. Podremos entrar y buscar la rosa con mi linterna.

Kaja dijo que sin la señora no podía pasar nadie. No obstante, se fue acercando a la entrada seguida de Pelle.

—Sí, no hay más remedio; tengo que encontrar la rosa — y al decir esto, Kaja atravesó la puerta —. Dame la linterna. Los otros deben de estar ya al otro lado. No se oye nada.

Penetraron cogidos de la mano y empezaron a buscar con gran cuidado, pero la rosa no aparecía. Trataban de recordar el camino seguido por el grupo.

—Por aquí — aseguró Pelle —. Me acuerdo de aquella piedra porque me parecía la nariz de una vieja.

Al cabo de un rato de marcha preguntó Kaja vacilante:

—Pero ¿habíamos estado aquí? No recuerdo este techo tan bajo.

Pasaron al lado de una columna y al cruzar un pasillo se dieron cuenta de donde estaban. Era aquella parte de la cueva de que tan orgullosa estaba la señora de la linterna, la Gran Sala.

—Bueno. Desde aquí es fácil encontrar el camino —aseguró Pelle.

Sin embargo, unos minutos más tarde no estaba tan convencido. La luz de la linterna se debilitaba por momentos, y al darse cuenta de ello exclamó Kaja asustadísima:

—¡Se acaba la pila! ¡Ven! ¡Corramos antes de que se apague!

Pero era más fácil decir esto que hacerlo. No lograban siquiera llegar a la Gran Sala y corrían atolondrados de un pasillo a otro. La luz seguía debilitándose y finalmente se apagó. En medio de la mayor angustia, Kaja sacudía la linterna, pero era inútil. Quedaron, pues, en la más absoluta oscuridad y sin saber hacia donde dirigirse. No obstante había que hacer algo, y comenzaron a moverse tanteando las paredes y pisando con cuidado para no caerse en algún agujero.

—Kaja —dijo Pelle, con débil voz—, estamos perdidos como Tom y Becky.

—Es difícil perderse en una cueva tan pequeña como ésta —repuso Kaja en un alarde de valor—. ¿No oíste decir a aquella señora que no tenía más que ciento treinta metros de largo y unos sesenta de ancho?

—¿Y eso no es mucho?

—¡Oh, no! La cueva de *Tom Sawyer* era mucho mayor. Tenía tres millas inglesas, que son unos cinco kilómetros. No te asustes. Saldremos pronto de aquí, ya lo verás.

Avanzaron cautelosamente unos cuantos pasos.

—Y si no salimos es lo mismo —añadió Kaja— porque la señora está dentro con los otros y en cuanto vengan por aquí iremos con ellos.

—No me gusta nada esta oscuridad.

Kaja echaba la culpa de todo a la linterna y lamentó con pesar:

—Tendríamos que haber traído cabos de vela, como hicieron Tom y Becky.

—Pero tú dijiste que habían estado tres días a oscuras y que casi se murieron de hambre. ¡Oh, qué hambre tengo! ¡Y dejamos las galletas en el coche!

—¡Bueno, cállate! —interrumpió con enfado Kaja, que

empezaba a inquietarse también—. No puedes tener mucha hambre porque comimos poco antes de venir.

Lo llevó de la mano un poco más.

—¿Y si llegamos a aquel sitio por donde prohíben pasar porque se puede caer el techo?—preguntó Pelle.

Pero Kaja acababa de detenerse, y conteniendo la respiración decía:

—¡Calla! ¿Qué es eso?

Ahora lo oía Pelle también. Era el ruido de unas pisadas suaves acompañadas de resoplidos.

¿Qué sería?, ¿una persona? No parecía una persona. ¿Un animal acaso? Pero ¿qué clase de animal podía vivir allí, en la profundidad de la tierra? Algún monstruo terrible, tal vez.

Un dragón, pensaba Pelle.

Los pasos se acercaban y se hacían más rápidos.

La mano de Kaja temblaba cogida a la de Pelle. De pronto, Pelle abrió la boca y lanzó un grito de horror. Entonces el animal se echó sobre él ahogando su grito con alborozados ladridos, lamiéndolo, saltando...

—¡"Lubbe"!—sollozó Kaja, y a continuación se echó a reír—. ¡Oh, querido "Lubbe"!, ¿eres tú?, ¿cómo llegaste aquí? Pelle, me parece que te olvidaste de cerrar la puerta del coche.

Al echársele encima "Lubbe", Pelle había caído al suelo, y allí daba vueltas con el perro, que no cesaba de lamerle las orejas y la cara. Finalmente, logró rodear en un abrazo el cuello del animal. Estaba muy contento. El viejo "Lubbe" traía consigo todo el calor y la comodidad de Stubbagarden. Ya no era preciso llorar más.

—¡Agárrate a él!—ordenó Kaja—. Él encontrará el camino y nos ayudará a salir. No lo sueltes.

Con "Lubbe" en medio y asidos a su collar, reanudaron la marcha. Indudablemente, lo mismo que ellos, "Lubbe" no veía nada en la oscuridad, pero podía guiarse por su olfato.

—Folke — le dijo Kaja —. Busca a Folke.

El perro jadeaba; tiraba tan fuerte que casi se estrangulaba con su collar. Y apenas sin tropiezos y sin dar un solo paso en falso, los niños lo podían seguir. Al cabo de un rato notaron que subían.

—¡Pelle, ya salimos! — se alborozó Kaja.

—Ya lo veo. Fue una suerte que me olvidara de cerrar el coche.

—Es verdad. Pero, ¿cómo encontraré mi rosa?

Pelle sentía la impresión de caminar en el interior de una suave bolsa de terciopelo negro, pero la oscuridad le parecía menos terrible porque sentía en su mano el calor de "Lubbe" y oía su rápido jadear.

Y alcanzaron la última cuesta y luego las escaleras. Pero ¿que pasaba ahora? ¿Se habían equivocado? Continuaba todo en la misma impenetrable oscuridad.

—¡Pelle! ¡Está cerrado! — exclamó Kaja con desilusión —. La puerta está cerrada. Toca aquí y lo verás. Se han ido y nos han dejado encerrados.

Sacudió la puerta. La golpeó con los puños. Pelle hizo lo mismo. Vocearon. Pero nadie contestaba. Sólo se oía el ruido de la lluvia, un ruido verdaderamente triste.

—¡Folke! ¡Tío Hakan! ¡Señora! ¡Déjenos salir! — gritaban casi llorando.

"Lubbe" ladraba, y en la lengua de los perros debía de decir las mismas cosas. Como única respuesta les llegó un ruido mucho más poderoso que sus gritos: el estampido del trueno, que fue sucedido por otros. El brillo de los relámpagos penetraba por las rendijas de la puerta. "Lubbe" acabó por temblar y esconder su cabeza en la falda de Kaja. Siempre le asustaban mucho los truenos.

—Yo creo que la señora bajará pronto para enseñar la cueva a otra gente — dijo Pelle —. ¿Qué dirá cuando abra y nos encuentre aquí? Se enfadará, ¿no te parece?

—Temo que con este tiempo no haya más visitas — indicó Kaja —. Seguramente no vendrá nadie hasta el próximo domingo.

—Entonces nos moriremos de hambre.

—¡Oh, no! — aseguró Kaja, abrazando a Pelle —. Vendrá Folke a buscarnos.

Y se pusieron a vocear el nombre de Folke hasta dolerles la garganta y quedar sin voz.

A todo esto, Folke había vuelto al coche y al darse cuenta de la desaparición de los niños y de "Lubbe" había ido a la cueva, pero se encontró con que la puerta estaba cerrada. Entonces volvió a la iglesia pensando que los niños habrían ido a ella por otro camino. Pero ni el tío Hakan ni su amigo los habían visto.

En vista de ello fue a casa de la señora de la cueva, la cual dijo que los niños habían estado dentro, pero que los había visto correr al coche bajo la lluvia, una vez acabada la visita. Más tarde bajó con otro grupo de visitantes. Por cierto que había encontrado la rosa de la niña, que se apresuró a entregar a Folke para que se la devolviera. Al volver de acompañar al segundo grupo y en vista de que no había nadie más esperando, cerró la cueva con llave y se fue a su casa. Al pasar junto al coche advirtió que estaba vacío y con una de las portezuelas abiertas, y la cerró para que no entrara la lluvia. Después de todo esto no había vuelto a pensar en la cuestión, pero que con mucho gusto llamaría a los vecinos para saber si alguien había visto a los niños y al perro. Y así lo hizo, pero nadie dio noticias de ellos.

Después de estas explicaciones, la señora invitó a Folke a sentarse un rato hasta que pasara lo peor de la tormenta, pero él permaneció en pie pensativo y con la rosa en la mano. Recordó que en el asiento delantero estaba la merienda a medio concluir, como si los niños hubieran abandonado repentinamente el coche. Se preguntó si no se habría escapado "Lubbe" y los niños habrían salido en su persecución. En este caso, era indudable que el perro volvía junto a su querida "Amelie".

Resolvió, pues, desandar en el coche una parte del camino, para ver si los alcanzaba, porque de haber ocurrido esto no podrían estar muy lejos.

Cuando se acercó al coche para poner en práctica su plan aún tenía la vaga esperanza de encontrarlos sentados en él, pero no fue así. Entonces se dirigió a la iglesia y explicó al tío Hakan lo ocurrido y lo que se proponía hacer.

—Volveré pronto — dijo.

—Aguarda un momento. ¿No dijiste que la niña había perdido aquella horrenda flor de trapo? Entonces es seguro que andará buscándola. ¿Dónde? En la cueva, no hay duda, pues fue allí donde la perdió. Y, como es natural, el niño y el perro irían con ella y a estas horas están encerrados en la cueva. Más vale ir en seguida, porque si se han dado cuenta de que están encerrados estarán muertos de miedo. ¿Dónde dices que guardan la llave?

Pero no necesitaron llegar a casa de la señora porque ella había deducido lo mismo que tío Hakan y la encontraron en el camino con su linterna.

Al acercarse a la cueva oyeron un ladrido sordo, y luego un largo y dolorido aullar.

—¡Gracias a Dios! Es "Lubbe" —dijo Folke.

La lluvia había cesado y los truenos gruñían débilmente a los lejos. Y en el momento en que la señora metió la llave en la cerradura, el sol salió de entre las nubes y las húmedas hojas de los árboles brillaron como infinitos fragmentos de un espejo hecho añicos.

Cuando Kaja y Pelle salieron al aire libre, con los ojos cegados por las lágrimas y por la deslumbradora luz del ansiado mundo, la primera cosa que vislumbraron fue la rojiza flor de trapo. Pendía, mojada y lacia, del ojal de Folke.

XVI

LA ALMOHADA DE CORCHOS

Una vez a la semana llegaba el pescadero a Stubbagarden para ofrecer su mercancía: arenques frescos, salados y ahumados, platijas frescas y anguilas ahumadas. A Pelle le gustaba hablar con él mientras la abuela veía el pescado. Le preguntaba, como hacía a todo el mundo aquel verano, dónde podría encontrar bastantes corchos para hacer una almohada. El pescadero le había prometido unos cuantos, pero nunca se acordaba de su promesa. En cuanto aparecía su camioneta y tocaba la bocina a la puerta del jardín, Pelle salía corriendo. Entonces el pescadero se rascaba la oreja y decía: "¡Ah, tú querías corchos! ¡Vaya por Dios, se me han olvidado! La próxima vez tendrás un montón de ellos, te lo prometo".

Sin embargo, a la semana siguiente se había olvidado de nuevo. Y así pasaban las semanas, y el verano había concluido sin que Pelle lograra realizar su sueño de tener una almohada de corchos. Ni él ni Kaja se bañaban ya en el arroyo porque el agua se había puesto demasiado fresca y porque el sol del otoño no era bastante fuerte para secarlos, como en verano.

Y he aquí que cuando ya no pensaba en la almohada se presenta el pescadero con un gran bolso de corchos. Pelle le dio las gracias y corrió a casa para pedir a Dela que le hiciera la almohada prometida.

—Servirá para el verano que viene —dijo Dela.

Y Pelle rebuscó en la bolsa de los trapos y eligió uno de anchas rayas rojas y blancas que parecían las de un bastón de caramelo. Inmediatamente, Dela cortó la funda y empezó a coserla a máquina, mientras Pelle observaba a su lado.

En esto sonó el teléfono y oyeron contestar a la abuela. ¡Qué contenta se puso! Decía:

—¡Qué maravilla! ¿Es posible? ¿Y estáis ya en Värnamo? ¡Qué alegría veros! No, no diré nada; no te preocupes. ¿Cuánto tiempo podréis estar? ¡Oh, que bien! Sí, venid cuanto antes, estaremos encantados. ¡Adiós, y hasta pronto!

Al aparecer por la puerta estaba radiante, como si acabara de recibir un gran regalo. A la vez miraba de manera un tanto pícara y misteriosa.

—Dela —dijo—, ¿podrías ayudarme? Tendremos que darnos prisa en la cocina, desplumar unos pollos y qué sé yo. Dentro de dos o tres horas llegarán unos forasteros y se quedarán unas semanas con nosotros.

—¿Quién? —preguntó Pelle.

—Dos amigos muy queridos. Pronto los verás —respondió la abuela sonriendo.

Dela sonreía también, como si hubiera adivinado de qué personas se trataba. Pelle pensaba que tal vez serían amigos de infancia de las dos. En fin, quizá oirían más cuentos. Y hechas estas reflexiones, preguntó a la abuela:

—¿Me darás un poco de masa cuando hagas el pan?

—Sí, pero a condición de que no estorbes ahora, porque estamos muy ocupadas.

En vista de esta recomendación, se encaminó al establo, acarició los terneros más jóvenes y jugó un poco con "Garras de Tigre". Luego se fue a la hoz, cogió avellanas y, tras romper las cáscaras con una piedra, comió hasta hartarse. Después vio un erizo y lo estuvo contemplando un rato. Volvió a casa y comió un poco de pasta que le dieron en la cocina. Más tarde se sentó en el escalón y rebañó de un molde los restos de bizcocho que habían quedado pegados a él. Entonces oyó los ruidos que hacía Dela al matar pollos en el cobertizo de la leña y entró en casa porque no le gustaba aquello, y poco después subió al cuarto de Dela para ver si había hecho algo más de su almohada de corchos. Allí estaba en la mesa, junto a la máquina de coser. ¡Y terminada! Los corchos aparecían metidos dentro de cada una de las dos partes de que se componía, y a su vez las dos partes estaban unidas por un trozo ancho de tela. Esto creía Pelle, porque lo cierto es que la costura central no estaba terminada.

¡Qué contento se puso con su almohada! Había que probarla en seguida. Hacía muy buen tiempo y el agua no podía estar demasiado fría, aunque fuera ya otoño. Además a él no le asustaba el agua fría. Folke seguía bañándose a diario en el arroyo, y él no iba a ser menos ni a echarse atrás.

Cogió su almohada por el centro y la colgó al hombro. A continuación fue a buscar su bañador y unos barquitos de papel y se dirigió al arroyo. Iba tan de prisa

que no se dio cuenta de que por el camino cayeron de la almohada dos o tres corchos.

Se metió en el arroyo y empezó a andar por el agua tirando en su almohada. El agua estaba algo fresca, era la verdad, pero no exageradamente. Cuando se echó sobre la almohada comprobó que era realmente delicioso ir así, boca abajo, sostenido por aquel flotador de caramelo. Nunca había creído que funcionaría tan bien. Lanzó sus barquitos de papel y se fue navegando tras ellos.

"¡Estoy nadando!" —pensó—. "¡Viva, viva! Estoy nadando tan bien como Folke y Kaja." No se atrevía a confesarse a sí mismo que en aquel modo de nadar había cierta trampa.

Al principio no salió de la parte poco profunda del arroyo, del límite de piedras señalado por Folke. Pero poco a poco se fue animando y acabó por empujar los barquitos entre dos piedras y seguirlos. ¡Era tan fácil! Verdaderamente flotaba como un pato, lo mismo si había poca hondura que mucha. Alguien había dicho que la parte en que crecían los nenúfares estaba llena de lodo y era peligrosa y que una vez una vaca se metió allí y no volvieron a verla. Pero si se nadaba como él lo hacía, no era posible hundirse.

—¡Hola, nenúfares! ¡Hola, lodo estúpido! No me importas nada porque nado con mi almohada.

Iría hasta la curva donde Dela lavaba el hilo después de teñirlo. Según Folke, había mucha profundidad allí. ¡Lástima que no lo viese nadie ahora! ¡Qué sorpresa para Kaja cuando lo supiera!

Pero ¿que ocurría con la almohada? No flotaba tan bien como antes. Se hacía pesada por momentos y uno de los lados se deshinchaba. En realidad esto ocurría en los dos lados, aunque más en uno que en otro. Se hundía bajo la superficie, de manera que su cuerpo se sumergía más en el agua. Tal vez no había doscientos corchos, a pesar de que Dela aseguraba que había más.

Se asustó y decidió volver a la orilla, pero la piedra en que Dela se arrodillaba para aclarar el hilo estaba algo lejos. ¿Y qué eran aquellas cositas que flotaban a su alrededor? ¿Corchos? Pero ¿de dónde venían? ¿Se habría roto la almohada?

Y ahora... ahora ya no lo sostenía. El agua le subía por la cabeza y se le metía en la nariz. Chapoteó como loco y subió de nuevo a la superficie. El glú-glú del agua

le envolvía la cabeza. Gritó pidiendo auxilio y se hundió de nuevo. Debajo del agua, el sol brillaba con una extraña luz verde. De pronto dejó de oír.

Oscureció y se hundió hasta el fondo.

Al despertar de la terrible oscuridad y del desmayo, se encontró echado en la yerba de la orilla. Estaba helado y entumecido. Una cáscara de avellana le cortaba la mejilla, le dolía la nariz y la garganta, y dentro del pecho tenía la sensación de haber tragado un rallador. Le dolían también los oídos y le burbujeaban. Al respirar notaba tales dolores que tendría que gritar, pero no le era posible hacerlo. Alguien le había asido por los codos y le oprimía la espalda fuerte y rítmicamente, contando con voz ronca:

—Uno, dos, tres, cuatro, cinco...

No sabía exactamente dónde estaba ni lo que le había sucedido. Lo único claro para él, y a cada momento con mayor intensidad, eran sus muchos dolores. Cuando con gran esfuerzo abrió los ojos, vio una cara cerca de la suya; y si no fuera pura locura, habría asegurado que era la cara de mamá. Cerró los ojos otra vez y entonces oyó que alguién decía:

—¡Se ha movido, ha abierto los ojos! ¡Oh, Hans, está vivo! Pelle, ¿me oyes?

Creyó soñar, porque evidentemente parecía la voz de mamá. Por ello no se esforzó en responder.

—¿Puedes, Hans? ¿Quieres que siga yo? —dijo otra voz.

Esta vez estaba seguro. Era la voz de Folke.

Pero la primera voz, la ronca, repetía obstinadamente aquellos números. Era como cuando se contaban corchos y nunca se llegaba a doscientos. La voz aquella llegaba a cinco y empezaba otra vez, quizá por no saber contar más que hasta cinco:

—Uno, dos, tres...

—No. Seis, siete —susurró Pelle, después de lo cual le entró hipo.

—¡Ya vuelve en sí! ¡No te asustes, hijo! —sollozó la voz de mamá—. Así. Devuelve aquella agua mala.

Entonces dejó de contar la voz ronca. Nadie le oprimía ya ni le hacía bracear. Levantó la cabeza e intentó dar la vuelta. Alguien le pasó un brazo por debajo y le ayudó a sentarse. Y entonces vio a todos los que le rodeaban. ¡Mamá! ¡Verdaderamente era ella! ¡Papá! Era él el de la voz ronca y desconocida. Y la abuela, con un delantal azul, a rayas. Y Folke. Y Dela, con manchas de sangre en su mandil de arpillera y con plumas de gallina en el pelo.

Mamá reía y lloraba a la vez, y la abuela se secó una lágrima que le bajaba por la nariz. Entonces empezó a recordar. Pero era tan terrible que no quiso seguir. No quería llorar y por eso no los miraba. Al fin miró a

Dela, que sonreía con toda su cara, y dijo temblorosamente:

—Mira, Dela tiene plu-plu-plumas en el pelo.

Todos se echaron a reír y querían abrazarlo. Folke le pellizcaba los pies y se los frotaba, y mientras tanto decía:

—¡Vaya susto que nos diste, bribón!

Pero mamá lo cogió en brazos, y Pelle con un gran suspiro se apretó contra ella todo lo que pudo. Folke se quitó entonces la chaqueta para cubrirlo y Dela tomó del suelo la camisa de papá y se puso a escurrirla. En aquel momento se dio cuenta Pelle de que papá llevaba como única indumentaria unos pantalones mojados.

—¿Por qué estás tan mojado, papá?

—Papá te sacó del agua — contestó mamá, al mismo tiempo que le quitaba de la cara la cáscara de avellana.

—¿Me ahogaba?

Al decir esto, Pelle se inclinó y devolvió más agua.

—Ya lo creo que te ahogabas — afirmó la abuela —. Y ahora más vale ir a casa y calentarse, porque estás azul de frío.

Papá lo tomó en brazos y mamá iba al lado cogida de su mano. Temblaba de frío y sentía mareos y dolor de pecho, pero no importaba porque, aunque de una manera confusa, se sentía feliz.

—No me ahogaré más — prometió.

—Mejor será — dijo papá.

—¿Cómo me encontrasteis? ¿Me oísteis gritar?

—Sí. Estábamos muy cerca. Cuando llegamos bajé a buscarte a la hoz porque la abuela supuso que estabas cogiendo avellanas.

—¡Qué suerte que me encontraras, papá!

—Desde luego.

Pelle acarició la mejilla de papá con la mano que tenía libre.

—¡Estoy muy contento porque habéis venido!

—Yo también — añadió papá.

—La culpa fue de aquella almohada tonta — explicó.

—El verano que viene te enseñaré a nadar y así no necesitarás ninguna — anunció papá.

—Muy bien — aprobó Pelle, y a continuación devolvió más agua.

Llegaron a casa. A la puerta había un coche pequeño, azul. Estaba cubierto de polvo, pero se veía que era nuevo.

—¡Oh, qué coche más bonito! — exclamó Pelle —. ¿Han llegado los forasteros?

—Creí que ya los habías visto — respondió la abuela, después de asentir con un movimiento de cabeza.

—¿Es que eran papá y mamá?

Asintió de nuevo la abuela, y papá dijo:

—Sí, es nuestro coche; de mamá, tuyo y mío; de los tres. Y dentro de una semana volveremos en él a Estocolmo.

—¡Oooh!

Le habría gustado montar en él en seguida, pero lo llevaron a la cama.

Lo frotaron para que entrara en calor y luego lo envolvieron en muchas mantas. A continuación le dieron aspirina, que sabía muy mal, y leche caliente con miel, que en cambio estaba muy rica. Finalmente le preguntaron si quería algo.

—Sí — murmuró —. "Garras de Tigre".

¡Y quién lo hubiera imaginado! Fue la propia abuela quien lo trajo y lo metió en la cama de Pelle; ella, que nunca permitía a los gatos entrar en casa, y mucho menos meterse en las camas.

Lo primero que hizo "Garras de Tigre" fue recorrer toda la cama e inspeccionarla cuidadosamente. Después se arrimó a Pelle, se echó entre sus brazos y empezó a ronronear.

Pelle, con mucho sueño en los ojos, lo miró feliz. Todos estaban alrededor. Al oír el runrún del gato, dijo:

—Mi gato hace el mismo ruido que un coche.

El sueño se apoderaba de él, pero se resistía a dormir.

—Mamá, ¿estás ya bien del todo?

—Del todo.

—¿No te duele nada?

Mamá le aseguró que no le dolía nada y entonces se sintió más a gusto.

—Abuela — murmuró.

—¿Qué quieres, guapo?

—Tendremos que hacer en seguida el *spettecake.*

—Es verdad, pero haremos dos.

Entonces las caras de la abuela, mamá, papá, Dela y Folke empezaron a fundirse en una niebla pálida y Pelle quedó dormido mucho tiempo.

XVII

ADIÓS, QUERIDA STUBBAGARDEN

La última semana en Stubbagarden pasó demasiado pronto para Pelle. Apenas tuvo tiempo de enseñar a papá y a mamá todos los lugares donde había disfrutado, todos los animales con los que había jugado y a los que había dado de comer.

Pero no le faltó tiempo para una cosa: para ayudar a la abuela a hacer el *spettecake* prometido al médico. La ayudó a batir la mezcla y a dar vueltas al asador de hierro, aunque, claro está, era la abuela quien batía más porque tenía los brazos más fuertes y estaba acostumbrada a aquel trabajo.

Una vez hecho el batido, la abuela preparó el asador. Primeramente envolvió con papel el rodillo, que era más grueso por un extremo que por el otro; después lo embadurnó de mantequilla, y por último empezó a echar con un jarro el batido sobre el rodillo, poco a poco y con mucho cuidado, mientras Pelle daba vueltas a la manivela.

—Echaremos por todo el rodillo y así saldrá un pastel muy alto, ¿te parece? — propuso la abuela.

—Sí, sí — aceptó Pelle, sin dejar de darle a la manivela y al tiempo que la abuela echaba más batido, que iba endureciéndose al calor del fuego de haya.

Verdaderamente se tardaba mucho tiempo en hacer aquel pastel, y como a Pelle se le cansaba el brazo, a ratos su madre le sustituía en la manivela. Entonces Pelle descansaba y la abuela seguía vaciando el jarro una y otra vez. Descendía sobre el rodillo el brillante y amarillo batido de huevo, azúcar y harina de patata, y el pastel aumentaba en espesor.

Cuando por fin se acabó el batido y el pastel estuvo terminado, la abuela lo sacó con sumo cuidado del hierro y lo colocó encima de la mesa. ¡Oh, qué grande era!

Y al contemplar su obra dijo:

—Me parece a mí que si tu médico no queda satisfecho con un *spettecake* como éste, será un hombre muy exigente.

Después, la abuela, mamá y Pelle hicieron un segundo *spettecake*, que tomaron con el café la última tarde que pasaron en Stubbagarden. El destinado al médico lo envolvió la abuela en papel, lo metió en una larga caja de cartón y ató ésta con una cuerda. Luego lo colocaron en la trasera del coche, junto con cajas que contenían botes de mermelada y botellas de zumo de frutas. También se llevaban a Estocolmo un gran cesto de nueces.

A la mañana siguiente, muy temprano, se despedirían. Kaja los acompañaría una parte del camino para ir a la escuela.

Era muy duro tener que dejar Stubbagarden y todo lo que allí había: la abuela, Folke, Dela, "Lubbe",

"Amelie", "Julio" y los terneros. Pero tal vez lo más duro de todo era dejar a "Garras de Tigre". Claro que la abuela aseguró que los gatos no están contentos en las ciudades. Además afirmó que le sería muy útil porque estaba convencida de que "Garras de Tigre" iba a ser el mejor cazador de ratas que jamás se había visto en Stubbagarden. Por otra parte, Kaja le prometió cuidarlo y escribirle acerca de sus progresos. Y la abuela concluyó:

—Tendrás que volver el verano que viene para ver lo que ha crecido.

Al oír esto, Pelle abrazó a la abuela y le aseguró que volvería.

Y después de haber dicho muchas veces adiós a las personas y a los animales, salieron en el coche por la puerta del jardín. Allí quedaban la abuela, Folke y Dela diciendo adiós con la mano. El último de los habitantes de Stubbagarden que vio Pelle fue "Lubbe", que corrió un rato detrás del coche, hasta que un graznar frenético de "Amelie" le hizo retroceder.

Dejaron a Kaja junto a la escuela. A Pelle le hubiera gustado darle un abrazo fuerte, pero como había muchos niños por allí, le dio solamente la mano y le dijo.

—Adiós.

—Adiós, Pelle. Siento que te vayas. Vuelve pronto, muy pronto.

—Tú tienes que venir a vernos a Estocolmo — la invitó mamá.

—¡Oh, no, gracias! Tendrán que venir ustedes porque yo no me marcharé nunca de Stubbagarden.

En esto se oyó la campana de la escuela, y Kaja, sin

quitar la vista del coche y sin dejar de decir adiós, entró lentamente.

—¡Qué chica más simpática! — comentó mamá.

—Mucho — asintió papá.

—¿Verdad que está muy elegante con el abrigo rojo? — dijo Pelle, muy orgulloso, como si lo hubiera hecho él.

Poco después y durante un rato, Pelle se olvidó de Kaja, de la abuela y de todo ante la inesperada maravilla de ir con papá y con mamá en aquel coche, que era de ellos y que los llevaría a su casa, a Estocolmo.

Las hayas se sucedían con sus colores de otoño a lo largo del camino, y de vez en cuando, movida por la brisa de la mañana, una hoja caía lentamente al suelo.

—Pronto vendrá el invierno — recordó mamá.

—Y nosotros bajamos y nos alejamos de Söderasen — añadió papá con nostalgia.

—Pero ahora, con el coche, podremos volver todas las veces que queramos — advirtió Pelle.

XVIII

EL MÉDICO Y EL *SPETTECAKE*

MAMÁ acompañó a Pelle el día que fue a visitar al médico, pero no entró con él. Después de hablar un rato con la enfermera, decidió aguardarlo en la sala de espera. Hicieron pasar a Pelle con su paquete.

—Buenos días — dijo Pelle, haciendo una reverencia, tras la cual colocó el paquete en el suelo y ante el médico.

—Buenos días tenga usted — contestó el médico.

—Bueno, pues aquí estoy.

—¡Vaya, vaya! Aquí tenemos a Pelle o algo por el estilo. Tú eres el que fue a casa de su abuela. Ya recuerdo. Al principio no te conocía. Has crecido mucho y pareces muy fuerte y formal. Se ve que no es mala cosa ir a Skane de vez en cuando.

—Vengo a darle las gracias por haber curado tan bien a mi mamá.

—Me parece que te lo prometí.

—Y aquí traigo una cosa que a usted le gusta mucho — anunció Pelle, acercando el paquete a la silla del médico.

—Muchas gracias. ¿Y qué diablo es esto?

—Adivínelo.

—¿No habrás comprado un tiesto con una gran planta?

—No. Adivine otra vez.

—¡Hum! Parece una especie de torre. A lo mejor es un faro de juguete.

—No — rió Pelle.

El médico puso entonces la mano bajo la barbilla y, después de mirar muy pensativo, dijo:

—Si no fuera tan grande diría que es un *spettecake*. Pero no los hay de este tamaño.

—¡Ah! ¡Si usted tiene un hierro muy grande y lo cubre hasta arriba del todo...! — exclamó Pelle con entusiasmo —. Abra y mire dentro de la caja. Quite la cuerda y el papel y verá como es un *spettecake*.

—¿Es posible? — preguntó el médico, incrédulo.

Inmediatamente cogió las tijeras y cortó la cuerda, quitó el papel y al abrir la caja apareció el pastel en todo su esplendor. Se detuvo un rato contemplándolo. Luego habló así con gran seriedad:

—Bien, Pelle, o como te llames. Te aseguro que éste es el *spettecake* más grande y más espléndido que he visto en mi vida. ¿Crees que será tan bueno como parece?

—Pruébelo. Es suyo.

—Parece imposible.

Tomó un cuchillito de la vitrina situada detrás de su mesa y preguntó:

—¿Por dónde te parece que lo cortemos?

Pelle indicó que la abuela lo cortaba haciendo en él ventanas y puertas, y señaló los sitios donde podría abrirse primero una gran puerta y después una ventana. El médico se puso a cortar con arreglo a las instrucciones de Pelle, y mientras lo hacía dijo éste:

—La abuela echó el batido en el hierro y yo di vueltas a la manivela.

—Entonces es justo que pruebes tu obra —y el médico dio a Pelle la puerta y tomó para sí la ventana. Después, y tras saborear el primer bocado, comentó:

—¡Bueno! ¡Delicioso! Es desde luego el mejor *spettecake* que he probado en toda mi vida. Y te advierto que soy una autoridad en estos pasteles. Gracias, Pelle, o como te llames.

—No hay de qué darlas —repuso Pelle, muy cortésmente, usando la expresión preferida de la abuela cuando alguien le daba las gracias por cosas de comer.

—Pero hemos llenado de migas la alfombra —advirtió Pelle después de un rato—. Se enfadará la señora que me hizo pasar.

—Es posible —dijo el médico, riendo—, pero no le haremos caso. ¿Comemos otro poco?

Así lo hicieron.

Y si no lo han terminado, aún estarán sentados en la alfombra comiendo *spettecake*.

ÍNDICE

Colección MUNDO MÁGICO

Obras publicadas

1. VACACIONES EN SUECIA
por Edith Unnerstad (7.ª edición)

2. EL RATÓN MANX
por Paul Gallico (2.ª edición)

3. JIM BOTÓN Y LUCAS EL MAQUINISTA
por Michael Ende (9.ª edición)

4. JIM BOTÓN Y LOS TRECE SALVAJES
por Michael Ende (5.ª edición)

5. ZAPATOS DE FUEGO Y SANDALIAS DE VIENTO
por Ursula Wölfel (14.ª edición)

6. HUGO Y JOSEFINA
por Maria Gripe (3.ª edición)

7. LAS FANTÁSTICAS AVENTURAS DE ALARICO
por Elaine Horseman (2.ª edición)

8. LAS TRAVESURAS DE JULIO
por Ursula Wölfel (5.ª edición)

9. LA FAMILIA MUMIN
por Tove Janssen (5.ª edición)

10. EL BANDIDO SALTODEMATA
por Otfried Preussler (6.ª edición)

11. ROBI, TOBI Y EL AEROGUATUTÚ
por Boy Lornssen (5.ª edición)

12. EL PEQUEÑO FANTASMA
por Otfried Preussler (5.ª edición)

13. LAS EXTRAÑAS VACACIONES DE DAVIE SHAW
por Mario Puzo

14. NUEVAS AVENTURAS DEL BANDIDO SALTODEMATA
por Otfried Preussler (3.ª edición)

15. HISTORIA DE PIMMI
por Ursula Wölfel (3.ª edición)

16. LA FAMILIA MUMIN, EN INVIERNO
por Tove Janssen (2.ª edición)

17. EL BANDIDO SALTODEMATA Y LA BOLA DE CRISTAL
por Otfried Preussler (3.ª edición)

18. EL GENIECILLO DEL AGUA
por Otfried Preussler (3.ª edición)

19. LA PEQUEÑA BRUJA
por Otfried Preussler (3.ª edición)

20. ANIMALES CHARLATANES
por Carmen Vázquez-Vigo (5.ª edición)

21. LAS FANTÁSTICAS AVENTURAS DEL CABALLITO GORDO
por José Antonio del Cañizo (3.ª edición)

22. LAS TRES NARANJAS DEL AMOR
por Carmen Bravo-Villasante (2.ª edición)

23. FERAL Y LAS CIGÜEÑAS
por Fernando Alonso (4.ª edición)

24. MERCEDES E INÉS O CUANDO LA TIERRA DA VUELTAS AL REVÉS
por Consuelo Armijo (3.ª edición)

25. PIEDRAS Y TROMPETAS
por Carmen Kurtz (3.ª edición)

26. GUAU
por Carmen Vázquez-Vigo (3.ª edición)

27. PIRIPITUSA
por Mercedes Roig Castellanos (2.ª edición)

28. LAS MANOS EN EL AGUA
por Carlos Murciano (4.ª edición)

29. LA HERMOSURA DEL MUNDO
por Carmen Bravo-Villasante (2.ª edición)

30. RYN, EL CABALLO SALVAJE
por Bohumil Riba (2.ª edición)

31. FABRICIO Y EL PERRO
por Jean Cazalbou

32. MERCEDES E INÉS VIAJAN HACIA ARRIBA, HACIA ABAJO Y A TRAVÉS
por Consuelo Armijo (2.ª edición)

33. LA LLEGADA DE JUTKA
por José Manuel Briones

34. LAS COSAS DEL ABUELO
por José Antonio del Cañizo (2.ª edición)

35. CUENTOS PARA BAILAR
por Montserrat del Amo (2.ª edición)

36. UNA LUZ EN EL BOSQUE
por Denis Brun

37. SIRENA Y MEDIA
por Carmen Vázquez-Vigo

38. ANTÓN RETACO
por M.ª Luisa Gefaell (2.ª edición)

39. UIPLALÁ
por Annie M. G. Schmidt

40. SUEÑO DE UN GATO NEGRO
por Carmen Pérez Avello

Sigue en la página siguiente

41. DETRÁS DEL MURO
por Ursula Wölfel

42. EL ÚLTIMO VAMPIRO
por Willis Hall

43. EL VIAJE DE JUAN
por Bohumil Riba

44. EL PRÍNCIPE OSO
por Carmen Bravo-Villasante

45. ALARICO Y EL CLUB DE LOS BOFFINS
por Elaine Horseman (2.ª edición)

46. PALABRA DE ÁRBOL
por Carmen Vázquez-Vigo

47. EL VERANO DEL DINOSAURIO
por Willis Hall

48. ARCHIBALDO EL FANTASMA
por Dieter Grimm

49. LA PRINCESITA QUE TENÍA LOS DEDOS MÁGICOS
por María Luisa Gefaell

50. ABECEDARIO FANTÁSTICO
por Ursula Wölfel

Colección CUATRO VIENTOS

Obras publicadas

1. LUNA ROJA Y TIEMPO CÁLIDO
por Herbert Kaufmann (5.ª edición)

2. SAFARI EN KAMANGA
por Herbert Tichy (4.ª edición)

3. PEQUEÑO ZORRO, EL GRAN CAZADOR
por Hanns Radau (4.ª edición)

4. PEQUEÑO ZORRO, EL ÚLTIMO JEFE
por Hanns Radau (4.ª edición)

5. AVENTURA EN LOS ANDES
por Hanns Radau (3.ª edición)

6. ATERRIZAJE EN LA SELVA
por Hanns Radau (3.ª edición)

7. ORZOWEI
por Alberto Manzi (10.ª edición)

8. LA ISLA DE LOS DELFINES AZULES
por Scott O'Dell (10.ª edición)

9. PILLASTRE, MI TREMENDO MAPACHE
por Sterling North (4.ª edición)

10. AVENTURAS EN ÁFRICA
por Kurt Lütgen (4.ª edición)

11. TRES CAZADORES EN SIBERIA
por Joseph Velter (3.ª edición)

12. LA PERLA NEGRA
por Scott O'Dell (4.ª edición)

13. SIETE CHICOS DE AUSTRALIA
por Ivan Southall (3.ª edición)

14. CUATRO AMIGOS EN LOS ANDES
por Sadio Garavini

15. BORIS
por Jaap ter Haar (4.ª edición)

16. DANNY, CAMPEÓN DEL MUNDO
por Roald Dahl (2.ª edición)

17. PERDIDOS EN LA NIEVE
por Reidar Brodtkorb (2.ª edición)

18. UT Y LAS ESTRELLAS
por Pilar Molina Llorente (3.ª edición)

19. VEVA
por Carmen Kurtz (9.ª edición)

20. LANDA EL VALIN
por Carlos M.ª Ydígoras (2.ª edición)

21. EL RÍO DE LOS CASTORES
por Fernando Martínez Gil (6.ª edición)

22. DARDO, EL CABALLO DEL BOSQUE
por Rafael Morales (4.ª edición)

23. CITA EN LA CALA NEGRA
por Josep Vallverdú (2.ª edición)

24. VIKINGOS AL REMO
por Carmen Pérez Avello (2.ª edición)

25. LA PIEDRA Y EL AGUA
por Montserrat del Amo (3.ª edición)

26. VEVA Y EL MAR
por Carmen Kurtz (3.ª edición)

27. BALADA DE UN CASTELLANO
por María Isabel Molina (2.ª edición)

28. PETER, EL PELIRROJO
por Ursula Wölfel (2.ª edición)

29. FANFAMÚS
por Carmen Kurtz (3.ª edición)

30. LA TIERRA DE NADIE
por A. Martínez-Mena (3.ª edición)

31. RAMÓN GE TE
por Lolo Rico Oliver (2.ª edición)

32. VIERNES O LA VIDA SALVAJE
por Michel Tournier (2.ª edición)

33. EL SECRETO DE LA FOCA
por A. Chambers

34. GALLINAS SUPERGALLINAS
por Dick King-Smith

35. EL MAR SIGUE ESPERANDO
por Carlos Murciano (3.ª edición)

36. LAS AVENTURAS DE UN CABALLO NEGRO
por Gunter Steinbach

37. TRAMPA BAJO LAS AGUAS
por Josep Vallverdú (2.ª edición)

38. HUIDA AL CANADÁ
por Barbara C. Smucker

39. GÓLEM. EL COLOSO DE BARRO
por Isaac Bashevis Singer

40. PABLURAS
por Miguel Martín Fernández de Velasco (2.ª edición)

41. EL TERRIBLE FLORENTINO
por Pilar Molina

42. NUBES NEGRAS
por Barbara Smucker

43. EL CUENTO INTERRUMPIDO
por Pilar Mateos

44. EL FUEGO Y EL ORO
por Montserrat del Amo

45. A LA BUSCA DE MARTE EL GUERRERO
por José Antonio Cañizo